還自然一個公道。

解讀易經的奧祕 卷 十

風靡中國十億人口
知名大師
曾仕強
教授◎著述

國家圖書館出版品預行編目(CIP)資料

解讀易經的奧祕. 卷十, 還自然一個公道 /
曾仕強 著述. 陳祈廷 編著. -- 初版. -
- 臺北市：曾仕強文化出版, 2021.04
面；　公分
ISBN 978-986-98758-0-6（平裝）
1.易經　2.研究考訂
121.17　　109012208

解讀易經的奧祕・卷10

還自然一個公道

作　　者　曾仕強
發 行 人　廖秀玲
編　　著　陳祈廷
總 編 輯　陳祈廷
管 理 部　吳思緯
行 銷 部　邱俊清
主　　編　林雅慧
編　　輯　李秉翰
出 版 者　曾仕強文化事業有限公司
地　　址　台北市中正區重慶南路一段57號8樓之14
服務專線　＋886-2-2361-1379　＋886-2-2312-0050
服務傳真　＋886-2-2375-2763
版　　次　2023年1月二刷
I S B N　978-986-98758-0-6
定　　價　新台幣550元

【作者簡介】

曾仕強 教授

英國萊斯特大學管理哲學博士、台灣交通大學教授、興國管理學院首任校長、台灣師範大學教授、人類自救協會創會理事長、新人類文明文教基金會榮譽董事長。

曾教授學貫古今，數十年來醉心於中華文化和西方現代管理哲學之研究，在國學、企管、哲學、教育等諸多領域上，皆有極高深的造詣。三十年前，世界五百強企業尚無中國企業能躋身其間，曾教授便已洞察趨勢，率先提倡「中國式管理」學說，被譽為「中國式管理之父」。迄今，曾教授已巡迴全球，完成逾五千場以上之演講，為臺灣生產力中心調查「最受企業界歡迎的十大講師」之一。

近年來，曾教授應大陸中央電視台邀請，至「百家講壇」欄目，主講「經營之神胡雪巖的啟示」、「易經與人生」等主題，收視率勇奪全國之冠；二〇〇九年主講「易經的奧祕」系列；二〇一一～二〇一二年主講「易經的智慧」、「點評三國演義」；二〇一二年主講「道德經的奧祕」、「道德經的玄妙」，內容風靡全中國，不僅掀起一股國學復興浪潮，更被評選為第一名的國學大師。

曾教授著作有：《易經的占卜功能》、《易經的乾坤大門》、《人人都不了了之》、《易經的中道思維》、《中國式管理》、《總裁魅力學》、《樂天知命的無憂人生》、《修己安人的領導魅力》、《為官之道》、《道德經的奧祕》……等數十本，其中《易經的奧祕》一書銷售量已突破五百萬冊，高居台灣與大陸各大書店文史哲類暢銷排行榜總冠軍。

前言——代序

我們喜歡說：時也、命也。時，指的是外在的環境；命，其實是內在的意志。任何一件事，總有其外在的環境，和內在的意志。

人類懷胎十月，若要從懷孕的第一天算起，實在有點困難。即使母體會出現「停經」、「口味變化」等徵兆，但是做母親的，也不一定能及時察覺到受孕。因此，我們是以嬰兒出生的時辰做為「生日」，象徵著外在環境的重大變化。出生之前稱為「先天」，出生之後稱為「後天」。胎兒在先天期並不會哭，因為這時還沒有所謂的「自我意識」；胎兒在後天期的第一件事就是哭，宣告「自我意識」誕生了！「時」的重要，由此可見。而「命」的開始，也可以說是「自我意識」的開端。嬰兒剛出生的前三個月，是先天過渡到後天的時期，我們常說上天有好生之德，從這裡可以充分感受。缺乏經驗的新手父母，可以在這三個月裡，獲得嘗試、改善的機會。嬰兒也會在這段時間裡，開始學習以自我意識來支配自己的一舉一動，從而逐漸脫離對父母的依賴，奠定此生「自作自受」的基礎。

環境非常重要，而人的意志，也不能忽視。既不完全是天定勝人，也不完全是人定勝天。從古至今，推卸責任都是最輕而易舉的，因此大家習於將責任推給外在的環境，以期減少自己的內疚感。尤其是現代環境污染問題日趨惡化，聯合國更公開宣告：「人類必須習慣於不正常的氣候變化」——好像人類只能無奈地、被動地接受，其實，我們是嚴重地放棄了自己應負的責任。

〈繫辭下傳〉說：「天地之大德曰生，聖人之大寶曰位。」天地間最偉大的德性，便是陰陽化生的功能。這種「生」的功用，必須持續不斷，以期生生不息，因為萬物生生不息，才是天地的偉大德性。「聖人」是指智慧靈明、品德良好的人，「大寶」則是最為珍貴的東西。對聖人而言，最為珍貴的東西，並不是金銀財寶、江山美人，而是無比崇高的地位。這樣的地位，是築基於眼睛雪亮、腦筋清楚的大眾之敬意與愛戴，而且還要一代又一代，禁得起時間的考驗，才能完全確立聖人在大眾心目中的穩固地位。

《易經》用「乾元」表示「乾」的作用開始發動，而「乾」的作用即在於「萬物資始」（萬物憑藉它而萌生）。「乾元」是「生」的開始，從此發動了「生生」的功能。我們在每一個年頭的開始，互相拜年。彼此互道恭喜，便是「一元復始、萬象更新」的喜悅，令人欣喜不已！「一年之計在於春，一日之計在於晨，一生之計在於勤」，都是在鼓勵、勸勉大家，必須重視「乾元」的動力和方向，並且持久勤勞，力求生生不息。

既然「生生之謂易」，我們便不難從《易經》六十四卦、三百八十四爻的卦、爻辭當中，發現許多充滿「求生、安生、好生」的啟發。又以乾為父，坤為母，依〈說卦傳〉的描述：「震」（☳）一索而得男，故謂之長男；「巽」（☴）一索而得女，故謂之長女。「坎」（☵）再索而得男，故謂之中男；「離」（☲）再索而得女，故謂之中女。「艮」（☶）三索而得男，故謂之少男；「兌」（☱）三索而得女，故謂之少女。八口之家，和其他的八口之家，透過婚嫁，使人類得以綿延不絕，更是上天有好生之德的展現，我們當然要謝天謝地，重視子息。

宇宙萬物，都具有再生的能力。青草自我奉獻，供牛、羊食用，到了春天，又發芽生草。雖然植物都有枯萎凋零的一天，但只要種子仍在，就可以再次重新生長。同理，人皆有死，但只要子孫綿延不絕，就可以永續傳承。地球自身，也同樣具有自我修復的能力。只是每一次大規模的修復，都帶給人類無比的驚恐，甚至造成各種重大災難。

明白易理的人，就會瞭解各種天災地變，原本就是地球進行自我修復的自然現象。因此會呼籲大家，應該藉由變動來自我反省、自我審視，有沒有做出違反自然的行為？以免人類變本加厲、擴大災難、加重災情。可惜的是，在科技發達的今日，人類不但不知反省，還妄自驕狂，認為人定可以勝天、人力可以征服自然。不重視自然的規律，盲目地求新求變，殊不知這種「勇往直前」的精神，在不知不覺之中，已經破壞了地球原有的自我修復能力。

科技救不了地球，地球也救不了自己。而最不幸的，便是大多數無辜的人們，犧牲了寶貴的性命，佐證了西方科學家的感嘆：「科技像撒旦（魔鬼），給人類一點點甜頭，便回頭要人類的命！」而大部分的知識分子，不知道是為了掩飾，還是為了找藉口，竟然說出「大自然的反撲」這樣的言論，簡直是自欺欺人，可是卻已眾口同聲、積非成是，似乎不太方便拆穿。

「生生」的意思，是持續不斷。我們從世界歷史來看，只有中華文化，綿延不斷。朝代固然有更替，卻不影響它的一脈相承。這全拜《易經》所賜，才能使中華兒女走上「生生」的大道。但是，現代的中華民族，還有沒有這樣持久不變的能耐？我們實在有一點擔心。因為我們一代又一代，與易理漸行漸遠。求新求變，變到最後，幾乎忘了根本所在。

〈繫辭上傳〉說：「一陰一陽之謂道，繼之者善也，成之者性也。」陰陽化生的大道，原本是持續不斷的。能夠繼承生生不息的大道，才能稱之為善。大自然不可能因為人類的狂妄亂為，便做出反撲的報復，它仍然努力地企求自我修復。麻煩的是，人力愈來愈強大，破壞也愈來愈強烈。因此，大自然的修復工程也就相對耗時耗力，更為煞費周章。倘若因此而導致人類的滅絕，那也是人類自作自受。既不能夠怨天，也不該妄言為「大自然的反撲」。「繼之者」是繼承生生大道，「成之者」便是成就生生大道。繼之者為善，成就這種自然的善，才是生生大道的本來性能。但是，「人能弘道，非道弘人」，上天以人為萬物之靈，使人類具有創造力與自主性，便是賦予人類十分神聖的責任：要贊助天地的化育工作，使其生生不息，而不是走上破壞、毀滅的道路。

人有知識，也重視知識，當然是好事情。但是，知識的發展，必須配合智慧的提升。孔子主張「下學而上達」，實際上就是鼓勵人們：不但要學習知識，還必須提升知識的意義與價值，以期能應用於正途上，而非從事損人不利己或損人利己的不正當事項。可惜現代人不但求新求變，而且變本加厲，一味求快——快、快、快，造成死得更快的悲劇。

上達天命，才能把知識提高到智慧的層次，明白「新的不見得好，也不見得不好；舊的不見得不好，也不見得好」、「應該快的時候，務必要快；應該放慢步調時，千萬記取『欲速則不達』的教訓，事緩則圓」的道理。及時從「二分法」思維中跳脫，恢復「三分法」思維的靈活性。人類要分享上天的創造能力，當然要懂得敬天、順天，依循《易經》天、人、地三才之道，做好頂天立地的工作。

江山依舊在，人事已全非。自古以來，江山是不老的，只有人會老死。由此推論，地球是不致毀滅的，反而是人類自作自受，很可能自召滅絕的結局。

倘若依據「有生即有死，有始便有終，有成就有毀」的自然律，人類滅絕，應該是不可避免的命運。

以個人來看，儘管有人極力追求永生，但迄今仍未有成功的案例。上天告訴人類：長壽就夠了，不死免談！

從動植物看，多少物種已經消失，多少物種瀕臨滅絕。人類若能反省，應該有這樣的自知之明：必然難逃滅絕的一天。唯有如此，才能提高人類自救的意識。

人類滅絕的方式很多，例如：人口增加而淡水供應量減少；海水高漲淹沒陸地；溫度升高使人類難以存活等等。或者，更簡單地，讓人類依照現今狀態持續下去，繼續濫用科技、污染環境、輕視倫理道德……如此一來，便可不費吹灰之力，將人類引入自我滅絕的浩劫中。

天然災難使人類難逃禍害，這尚且是「天作孽、猶可逭」，及時閃避，或許還有可能倖存；但若是「自作孽、不可活」，那人類就真的活不成了！凡事反求諸己，休要責怪他人，方為正道。

大自然不會反撲，倒是人類必須深切自省。且讓我們誠敬地還自然一個公道，彰顯出公道自在人心的素養。懇請各界先進朋友，不吝賜教為幸！

曾仕強 謹識於台灣師範大學

編者序

近年來由於全球氣候變異，火山爆發、強震、海嘯等災難頻傳，因此世界末日、地球毀滅的流言甚囂塵土，導致人心惶惶不安，甚至傳說中已有科學家正著手打造高科技的諾亞方舟，以便能在末日到來時緊急逃生，保全性命。

然而，人類是不是真的會毀滅呢？書中曾教授明白地告訴我們：「會！」那有沒有既定的毀滅時間表呢？答案是：「當然有！」因為從「有生即有死，有始便有終，有成就有毀」的自然律來看，人類滅絕應是無可避免的命運。《易經》也提示我們「物極必反」的道理，當人類的創造力發揮到極致時，自我毀滅的力量相對也難以抵禦。而現今的種種現象，都已經提出警訊：人類毀滅迫在眉睫！

但是，曾教授也提醒我們不必過於恐慌，雖然人類毀滅是定數，而且也有既定的時間表，但是附帶了一個條件：「人類倘若提出要求，原訂的時間表，還是能夠變動的。」這是因為上天賦予了人類自由意志、創造力以及自主性，只要人類願意努力自救、修正自己的行為，以敬天、順天、奉天的態度，參贊天地化育，從而改善自然環境，在天人合一的原則下，一定可以讓滅絕的時間表延後幾十年、幾百年，甚至幾千年、幾萬年。這就是「自(自己努力)天(上天協助)佑之，吉无不利」的道理所在。

本書中，曾教授以《易經》中「剝、復、夬、姤」這四卦，來剖析人類這個小生命體，應當如何與宇宙這個生生不已的大生命體互依互存、互相契合的道理。以順應天理、堅守中道的作為，建構出一個「共生、共存、共同發展」的生態網。在這個地球的危急存亡之際，且讓我們反躬自省，為自己的所做所為負起完全責任。只要人人憑良心、個個立公心、自己先力行，相信必能收趨復避剝、絕處逢生的良好效果。

曾仕強文化總編輯　陳祈廷

目錄

《第一章》

為什麼
一切都有定數？

一切如果沒有定數，
宇宙如何走向未來？

定數指的是結果的情況，
過程中則充滿變數，所以「不一定」。

定數相當於未來的計劃，
執行時必然會遭遇很多變數。

自然的意志是善的，
所以說上天有好生之德。

人的思想行為，有善有惡，
一不小心，就容易走入偏邪的道路。

人會變化，人心難料
這也是人的定數，要禁得起考驗。

一、數字演化出陰陽的符號

《易經》有象、數、理、占四大功能，各有所用，且環環相扣，具連鎖作用。古人研究《易經》，大多在辭義上反來復去，加以註釋和考據，弄得大家迷迷糊糊，不知所從。現代人研究《易經》，似乎局限於文、史、哲的領域。研究科學者，又大多先入為主，認為《易經》不夠科學，不敢也不願加以探究。依年齡看，則年長者比較容易接受，年輕人則視為畏途。其實，若是能將象、數、理、占全面地加以開展，上述情況必能有所突破。

人類居於計算的需要，而產生數字。我們從古代文物中，發現古人所用的數字，一為「一」，二為「二」，三為「三」，而四為「亖」，頗為合乎自然演化的道理。大概原先的五，也以「𝍭」來表示，後來認為每次看到這樣的「符號」（當時應該沒有這樣的概念），都要仔細計算一遍，很不方便，所以才用「⋈」或「⧗」表示。人類有兩隻手，一隻手有五根手指頭。一數到五，之後就算不下去了，因此用「∧」來隔開，表示另一個五的開始，所以一直到現在，我們還有「一五一十」的計算習慣。然後，進步到兩手合併計算，於是把六當做「∧」，七寫成「十」，八畫成「八」。有了奇數和偶數的觀念之後，一、三、⧗為奇數，用一來代表；二、亖、∧為偶數，二、亖很容易與一和三混在一起，難以分辨，所以用∧來表示。陰、陽的觀念，當然最好能用數字來顯示，比較易於辨識。因而以「一」代表陽，用「∧」代表陰。經過一段時間的自然演化，才產生陰（⚋）、陽（⚊）這兩個符號，應該是順理成章的演變。

古代的數字 ——→ 陰陽的符號

古代的數字	陰陽的符號
一 二 三 亖 代表1.2.3.4. 用[five strokes]表示5，很不方便， 所以用 ⧗ 或 ⋈ 來表示。 後來發現一到五不夠用， 才以⌃為6，＋為7，八為8， 一、三、⧗為奇數，用一來表示， 二、亖、⌃為偶數，用⌃來代表。	陰代表偶數，用⌃來表示， 陽代表奇數，用一來表示， 後來逐漸演變， 才把⌃改成--， 一還是維持原狀。 陽（一）陰（--）的符號， 終於成為定數。

二、定數含有三種特殊性質

易數的內涵，比現代所說的數學為廣。至少可以分成「象數」、「氣數」和「理數」三大部分。而這一切，則又以「定數」來加以總結。所以我們常說「一切有定數」，而代代相傳。定數，並不是指「一定的數」或「固定的數」，一般人常常用這種「二分法」思維來批評定數。其實真正的定數，含有三種特性，茲分別說明如下，以供參考：

1.定數是最後的結果，不能再改變的，才叫做定數。任何事物，過程中都會充滿著變數，這就是易的「變易」現象。但是，無論過程如何千變萬化，到了結果出現的時候，都是一翻兩瞪眼、大勢底定，誰也不能加以改變，這才是我們所說的定數。

2.定數的意義和價值並不一定，都是因人而異。定數出現時，大家最好能心平氣和地接受。因為是好是壞、是善是惡、是福是禍，實際上並不一定。站在不同的立場，會有不一樣的感受。它的意義和價值，還會隨著時、位的改變，而有所不同。塞翁失馬，焉知非福。孔子提醒大家聽天命，也就是樂於接受定數的安排，不必怨天也不必尤人。

3.定數是象數、氣數和理數的結合體，很難預測。這裡所說的「很難」，並非指「不能」，而是必須要具備良好的綜合判斷和品德修養，才能夠精準預測。但是也不能夠保證在精準預測之後，過程中就必然不會產生變數。尤其是氣數的判斷，牽連的因素更加廣泛，很不容易掌握。為何如此的道理，往往都是事後才能明白，但已經來不及調整改變了。所以說，世人以事後諸葛居多。不過，若和那些一輩子都不明白事理的人相較，這種層次的人至少已經高明許多。

定數

- 定數是最後的結果，不能再改變的，才叫做定數。
  任何事物，過程中都充滿變數，
  但是結果出現時，大勢底定，誰也難以改變。
- 定數的意義和價值並不一定，會因人而異。
  同樣的結果，對不同的人來說，會有不一樣的感受。
  幾家歡樂幾家愁，而且還會有變化。
- 定數是象數、理數和氣數的綜合體，
  由於有看得見的，也有看不見的，所以很難預測。
  世人以事後諸葛居多，好像也是一種定數。

三、宇宙是一個整全的系統

宇宙萬物，時時刻刻都是井然有序地在轉動著。宇宙的運轉之謎，至今仍無人能夠破解。其實說穿了，就是「數」在決定，只是現代科學，迄今尚未能夠完全理解此一運作機制。

譬如宇宙來自一個單一而原始的「大爆炸」（Big Bang），這個理論雖然已經被大部分科學家所接受，然而，卻始終沒有人能夠證明此一學說的真實性。因為現代科學，一直認為研究大自然，必須抱持分析性的、無感情的「客觀」心態，不能夠「主觀」地體驗。偏偏這種體驗，難免主觀，卻實實在在地幫助了我們更瞭解宇宙的真相。宇宙是一個整全的系統，根本無法分割。主觀和客觀，也難以明確分辨。過分強調「客觀」的人，背後經常受到「主觀到認為自己很客觀」的批評。其實，實驗固然可靠，但體驗又何嘗沒有合乎實情的可能性呢？

宇宙是「一」，支配宇宙的力量也是「一」。一切一切，都離不開「一」。我們勉強把它稱為「道」，或採用其它的名稱，譬如：「太極」、「天」、「空」、「無」、「上帝」、「神」、「佛祖」……等等，又有何不可？

重要的是：宇宙是整全的、不可分割的、牽一髮而動全身的。任何變化，都有它的依據，屬於「應變」而不是「亂變」。人為的，不過只是其中的一部分而已；另外還有一隻「看不見的手」，同樣也屬於整全中的一部分。現代科學所瞭解的，僅為其中的一部分；現代科學還無法瞭解的，同樣也是其中的一部分。我們必須兼顧並重，從各方面來深入探究，才能獲得更多周全的認識。合中有分，分了之後，更需要合。

一

宇宙是一，
支配宇宙的力量也是一。
一切一切，
都離不開一。
道、太極、天、空、無、神、
上帝、佛祖，
都代表一，
名稱不同，
實際上同一，
各叫各的名，
不必太計較。

宇宙是一，
表示整全而不可分割。
牽一髮而動全身，
已經獲得科學的證實。
人的所作所為，
不過是一當中的一部分。
另外有一隻「看不見的手」，
同樣是其中的一部分。
我們最好兼顧並重，
合中有分，
分了之後，更需要合。

四．心中有數象徵天人合一

我們常說「心中有數」，意思是事情會怎樣演變？我們各人心中有一把尺，很容易加以度量，能夠預知結果的定數。「果然不出所料」，則是定數出現時，對自己的一種評核。「五十而知天命」，表示一個人活到五十歲以後，有了足夠的生活體驗，應該可以明白這一輩子的定數為何？「逆來順受」，是對定數的尊重；「樂以忘憂」，則是把一切遭遇到的定數，都看成美好的結果，根本就沒有憂慮或哀愁。如此一來，當然無入而不自得。而這些現象，都是易數在我們日常生活中的良好運用。

實際上我們心中這一把尺，俗稱良心。它的準確度，端視與天理配合的情況而定，無法一視同仁。天理與良心的配合度愈高，心中有數的準確性也愈可靠。天理代表天，良心在於人。天人合一的程度，各人不一樣，因此度量起來，也不盡相同。但是公道自在人心，大多數人的天良（合乎天理的良心），可以實實在在地反映出天（自然）的道理。

一般老百姓天人合一的程度，往往比較高。只要憑良心，不因私害公，也不妄生貪念，應該都能達到天人合一的境界。讀書人有了知識，按理說應該更能做到天人合一。不幸卻有了知識、忘了良心，甚至否定天人合一的可能性。充分顯示出我們所學習的知識，出了很大的問題。是不是方向不正確？還是方法有失誤？或者表達的方式有所偏差？實在值得我們深思探究。有時學問愈好，品德反而愈差，這是什麼緣故？科學愈發達，我們愈忙碌，卻不見得愈快樂，這又是什麼原因？心中有數的可信度，同樣值得大家關注。

心中有數　象徵　天人合一

心中有數	天人合一
人人心中有一把尺， 這一把尺稱為良心。 我們心中有數， 便是有一把憑良心的尺， 用來衡情論理， 很容易合乎天道。 這一把尺， 人人俱有， 務請拿出來使用。	良心和天理合一， 合起來成為天良。 「你有沒有天良?」 實在是最嚴重的指責。 如果還覺得無所謂， 那就是喪盡天良， 憑良心、立公心， 人人做得到， 也就天人合一了。

五。自我中心主義為害最大

自從嬰兒呱呱墜地，離開了母親的子宮開始，人就逐漸有了自我意識。「我」的地位愈來愈重要；「我」的知識愈來愈豐富；「我」的能力愈來愈高強……似乎長大到可以獨立自主，甚至於反過來教訓父母，愈來愈覺得凡事非我不可，而且非我不行，這才叫做充滿自信，具有高度堅強的信心。

現代人有了科學的驗證，對「我」的存在，更是信心滿滿。明明是筆在寫字，卻認為是「我」在書寫；根本是樹木自己在生長，卻口口聲聲，宣稱「我」在種樹；道聽塗說得來的東西，也毫不羞愧地說成是「我」個人的看法。任何事情，都自以為是，似乎「我」說的才算數。這種自我中心主義，使得天人之間，出現了重大的扭曲，值得我們深切反省。

我們的祖先，認為「天」是宇宙最高主宰，它無所不在，無所不能，也無所不知，簡直是不證自明的事實。天所揭示的，是一種維持宇宙秩序的理則，稱為天理。由於天不開口說話，顯得天理難明，以致產生天威難測的感覺。天對人特別尊重，推崇為萬物之靈，給人一種神聖的責任，也就是「參贊天地之化育」。使人具有高度的自由和自主，能夠合理地與天地互動，呈現出天人合一的狀態。

可惜現代人憑藉著豐富的知識，竟然著重「物理」、創造「人理」、高呼「法理」、倡導「情理」、重視「義理」，卻把「天理」拋諸腦後，真的是天理何在？現代人得意忘形，把老天看扁了！老天是不是會因此而惱怒，實施大自然的報復呢？答案是否定的。因為天只會為善，並不會為惡。

自我中心主義

我們的祖先， 以天為宇宙最高主宰。 人為萬物之靈， 應該重視對天地的責任， 而不是一天到晚， 將權利、義務掛在嘴邊。 天人合一， 才是合理的方向。	現代人自以為是， 重視自我意識， 著重物理， 創造人理， 高呼法理， 倡導情理， 就是忽視天理， 把老天看扁了！

老天並不惱怒，人類卻得自作自受

六．大自然只有善並沒有惡

〈繫辭上傳〉記載：「一陰一陽之謂道，繼之者善也。」上天不言不語，只是默默地透過一陰一陽的交易變化，來主宰宇宙的生生不息。以「生生之謂易」的精神，生了又生，生生不止。唯有秉承這種精神的，才叫做「善」。老天的「善」，並不與「惡」相對，可以說是絕對的善。

我們常說「人在做，天在看」，表示我們對老天的公正原則，具有充分的信心。〈繫辭〉中曾數次提到「自天佑之，吉无不利」，要求我們「天人合一」，自己先力求合理，上天就必然公正。倘若我們思考時能多繞一個彎，把對自己的信心和對老天的信心，兩者結合在一起，就不會因為過分的自信，而招致敗亡。唯有對上天的公正性有信心，才是人類最大的信心。

損卦（䷨）和益卦（䷩），啟示我們：「天之道，損有餘而補不足」——減損有餘的，來彌補不足的，這樣的做法才合乎天理。偏偏有很多人，卻自作聰明，像老子所描述的「損不足以奉有餘」——竟然自以為是的，去減損那些不足的，來奉獻給那些有餘的。這樣的做法，是不是我們常常責罵的「沒天良」（不憑天理良心行事）呢？上天對於這些「沒天良」的人，並不會施以特別的懲罰，只是按照「惡貫滿盈時，自作自受」的常則，以平常心來看待。即使有人抱怨「好人不長命，惡人活千年」，老天也沒有什麼特別的反應。因為「天」即是「道」，而「道」法「自然」。這樣的說法，並不意謂著「道」和「自然」之間存有差距、「道」應該取法於「自然」，而是指「天」、「道」、「自然」都是一致的、沒有距離的。至於人如何認知、怎麼實踐，則必須自己負起完全責任，不能埋怨老天！好自為之，才是人應走的正道。

一陰一陽之謂道，繼之者善也

生生之謂易，
生了又生，
生生不止。
只有秉持這種精神，
才叫做善。
老天的善，
並不與惡相對，
所以是絕對的善。

天之道，損有餘而補不足。
人之道，損不足以奉有餘。
人不與天配合，
不站在天的同一邊，
這就叫做「沒天良」。
即使如此，
天依然不言不語，
只是讓人類自作自受。

大自然既不會反撲，也不會報復人類

我們的建議

1 孔子盛讚乾元，說它「大哉」，是生化萬物的天道，具有創生的功能；又盛讚坤元，說它「至哉」，是萬物造形、現形的地道，有落實形體的功能。乾元和坤元互相配合，便是天造地設，最為合適的一對，令人稱羨。

2 上天有好生之德，人類也應該秉持正道。可惜啟蒙不當，產生很多不正當、不正常的需求。人類又高喊市場導向，要滿足大眾的需求，成為二十世紀最可笑的主張。市場導向造成很多偏差行為，使大家走上偏道，因而失正。

3 啟蒙錯誤，主要原因在於現代人的觀念、知識，有所偏差，造成失正的現象。上天不能放棄我們，只好採取導正的途徑。導正的過程中，我們覺得有很多怪異現象產生，那是人類愚昧的想法。

4 大自然不會反撲，也沒有向人類報復的企圖。人類必須正本清源，明白「自作自受」的道理，不能盲目地把責任推給老天，應該深切反省，以求改善補過。唯有如此，人類才能設法自救，而不徒然怨天。

5 一切有定數，它是天人合一的結果。天道和人道互動，所造成的定數，應該由人負責。因為天無不善，只有人才分善惡；天無不正，只有人才可能有正有不正。

6 定數是天人共同擬定的計畫。天不會片面廢約，只有人才會變來變去、時好時壞。我們最好能順天理、憑良心，把定數變得更符合自然，這是大家共同的責任所在。

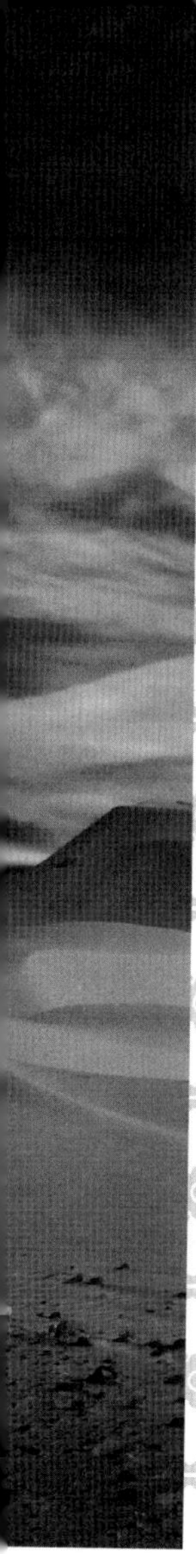

《第二章》

人類真的
會被滅絕嗎？

物極必反，有生便有死，有始就有終。
人類滅絕，應該是遲早的事，不可能避免。

但是人有創造力和自主性，
只要努力，必然可以延緩滅絕。

憑人類的智慧和能力，向上天祈求，
秉持天人合一的原則，當然會有延後滅絕的可能。

「盡人事以聽天命」的態度很重要，
如果人類真的會滅絕，也應該盡力設法延緩。

倘若急於逃避，或者漠不關心，
那就是自私加上無知，並非正常心態。

就算是定數，也可以設法變更，
即使真的會滅絕，也應該儘可能想辦法挽救。

一、種種警示人類瀕臨滅絕

有生便有死，有始就有終，而有成也有毀。一切有定數，好像並沒有例外。我們窮一生的努力，只在於證明我們能活多久的定數。凡事一開始，就在尋求終了的定數。好比成功的時候，必須提高警覺，預防毀敗的定數忽然出現。

人的一生，不過是在證明自己的定數為何？「生死有命，富貴在天」，乍聽之下相當消極，也十分無奈。實際上，一個知天命的人，反而不會費盡苦心，老是想著自己的努力，什麼時候才有成果？有多大的成果？可以維持多久？而是會把自己的心力，全部用在正事上面。做對的事，而不是把事情做對。認真做對的事，當然可以專心一意。對於結果，只要抱持「什麼樣都是好的」（因為我們短時間內，根本沒有能力分辨好壞，何必自欺欺人？）的心態。不但其樂無窮，而且十分積極，能夠毫不猶豫地奮勇向上。

人類滅絕，應該是不可避免的命運。一個人倘若能夠獲得永生，勢必會造成十分嚴重的後遺症。由此可以推知，人類若是能夠獲得永不滅絕的保證，就難免會毫無顧忌地任性妄為。等到大自然被人類摧殘殆盡後，人類也就活不下去了！

何況種種現象，都已經提出嚴重警訊，人類瀕臨滅絕，似乎已是迫在眉睫。我們從看得見的現象：濫用科技，竟然威脅到人類的存亡；污染環境，使人類在食、衣、住、行各方面普遍受到毒害；氣候異常，使生物系統的生存備受考驗。倘若海平面持續升高、冰河繼續融化、氣溫向上飆升……人類滅絕，恐怕是難以避免的事情。事實如此，而人類又將如何因應？

人類瀕臨滅絕的警訊

看得見的現象

濫用科技，
威脅人類的生存。
污染環境，
使生物普遍受到毒害。
氣候異常，
打亂生活步調。

看不見的推理

社會秩序，
令人難以心安。
賺錢第一，
大家不憑良心，
風氣敗壞，
實在是天理不容。

二。滅絕與否其實並不重要

人類滅絕，到底是真是假？可能不可能？什麼時候發生？如果只是拿來嚇唬大家，製造末世的恐慌，甚至用以哄抬自己而愚弄大眾，頂多成為一種另類的騙術，並沒有什麼意義，也產生不了什麼作用，不值得大驚小怪。

滅絕與否，其實並不重要。一天到晚擔心害怕，又有什麼用？《易經》有兩個卦，分別為第二十三的剝卦（䷖）和第二十四的復卦（䷗），兩者合起來看，就是「剝極而復」，表示大毀滅之後，必然會有恢復的契機。〈序卦傳〉說：「剝者，剝也。物不可終盡，剝窮上反下，故受之以復。」「剝」是指剝落，但是事物不可能永遠剝落殆盡，因此剝落至極，必將獲得重生。從頭開始，逐漸回復。人類的歷史，證明滅絕是定數、剝極而復也是定數。我們人類已經滅絕過很多次，這一次傳聞已久，似乎即將來臨，更不容許我們拖延時日。袖手旁觀的心態，勢必害己又害人。

〈雜卦傳〉指出：「剝，爛也，復，反也。」「爛」的意思是破爛、腐爛，呈現出物體支離破碎的樣子。為什麼會爛？是由於剝落再剝落，像一顆爛蘋果那樣，只剩下外表一層皮，內部全都爛光了。又為什麼會復呢？是指「復反於正」，所以叫做「反」，在這裡和「返」字相通，是回復、返回的意思。「剝極而復」，表示滅絕了還有再生的希望。《易經》只說「終始」，不說「始終」；「未濟」在後，而「既濟」在前，都在激發我們對未來的期待，讓我們能勇敢地向前看，不要總是回顧從前，而對未來充滿了灰色的失望。有終必有始，否極則泰來，怕什麼？

滅絕＝不滅絕

合理的滅絕＝合理的不滅絕

||

易經的思維法則

變易

就算是定數，

也可以改變，

一切都有變易的可能。

不易

有始必有終，

有生就有滅，

這是不易的道理。

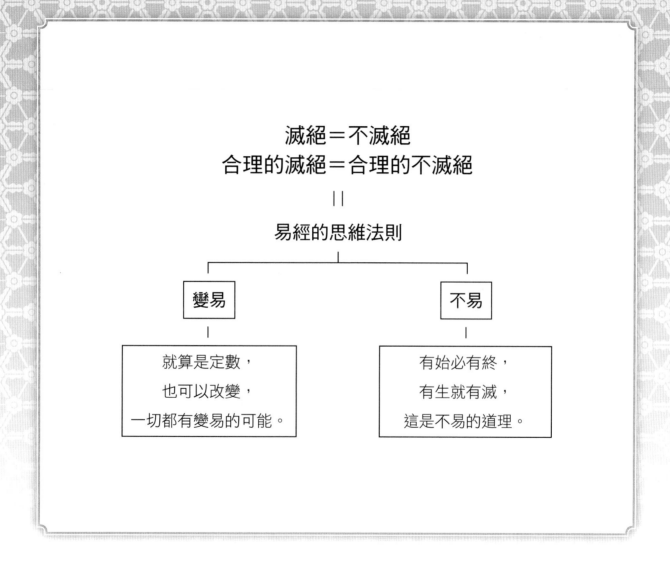

三．最重要的是我們的心態

面對末日的警訊，有些人是片面否定、鐵口直斷人類不可能遭到滅絕，這樣的心態無濟於事，也不能阻止現況的惡化；有些人則抱持著無可奈何的心態：要來就來吧！又不是我個人的遭遇，反正大家一起死、誰也逃不掉；有些人的反應十分冷漠：有什麼辦法？有什麼關係？既然大家都沒辦法，關心又有什麼用？天塌下來有高個子頂，何必傷腦筋；有些人則是十分無助：想也沒有用，不如不去想，當縮頭烏龜算了；還有些人認為既然如此，最好趕快把錢花光，圖個痛快。抱著一堆錢死去，還不如花光了再走。

最可笑者，是打聽要如何逃避、逃到哪裡去、什麼時候逃？這也造成了若干江湖術士，趁機裝神弄鬼，騙財騙色，使得人心惶惶，社會秩序因而混亂，各行各業徒受干擾。正常的心態，應該是正視而非胡思亂想、積極而非消極逃避、樂觀而非杞人憂天。我們要正視人類滅絕的問題，因為現今種種跡象，已經日愈明顯。不可以抱持鴕鳥心態，裝成沒看見、不知道。然而，胡思亂想只會招致困惑和恐懼，何苦來哉！積極做對的事、全心全意做到更好、盡人事以聽天命，又何必急於逃避？即使人類必然遭致滅絕，但什麼時候發生，實在沒有人能夠準確預知，那麼又何必杞人憂天，做出無謂的憂慮呢？我們常說「天無絕人之路、船到橋頭自然直」，為什麼不樂觀一些、盡力而為、盡人事以聽天命呢？

上天賦予人類高度的自由意志，能夠自主創造。難道對於人類滅絕，我們便束手無策？生死富貴，固然自有定數，但是人類自救，也並非全然無效。對於攸關人類存亡的大事，我們不能置之不理，而是必須共謀合理的對應之道。

因應的心態

正常的

- 正視而非胡思亂想
- 積極而非消極逃避
- 樂觀而非杞人憂天

非正常的

- 片面否定滅絕的可能性
- 無可奈何地坐以待斃
- 無助地漠不關心

盡人事以聽天命
努力自救以求延緩滅絕

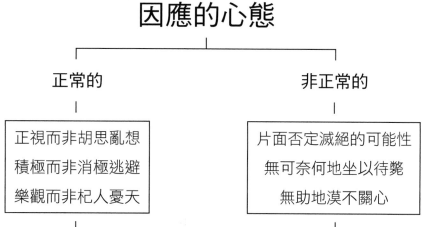

四・認清人類是在自我滅絕

在科學發達以前，人類滅絕可以說是人力不敵自然力的結果，因為天然災難使人類難以逃脫毀滅的惡運。然而，科技發達以後，人類十分狂妄，認為人定可以勝天，濫用科技、污染環境，還輕視倫理。此舉必然自作自受、自開先例，把人類帶往可怕的自我滅絕之路。往昔不過是自己殘害自己，屬於個人事件；現今則是整體滅絕，有如大規模的自殘，所以稱之為浩劫。

人定勝天，必須和天定勝人合起來看，不分開來思慮，才合乎「一陰一陽之謂道」。當人定勝天的效果愈來愈明顯時，我們必須明白，天定勝人的力量也會同等地增強。只是我們所能看到的，是人定勝天的這一面，而另一面的天定勝人，卻成為一隻看不見的手。果真如此，我們還能相信「眼見為實」的說法嗎？

英國人在十九世紀，花費一百年的時間，致力於工業革命，造成今日的污染和毒害。工業對人類產生很大的幫助，但隨之而來的「工業化」，卻帶給人類非常嚴重的禍害。人類需要工業，但千萬不可以工業化，可惜明白這道理時已經太遲了！

美國人在二十世紀，繼「工業化」之後，大力推展「商業化」。商業是自古以來人類便有的活動，對人群社會當然有很大的助益，普受大家的歡迎。然而「商業化」的浪潮，不但破壞工業、傷害農業，也把商業本身變成魔鬼般，毀掉音樂、毀掉宗教、毀掉教育、毀掉工藝，眼看著就要毀掉人類千辛萬苦所塑造出來的文化了。一旦「商業化」化取代「文化」，那麼人類就真正墜入自我滅絕的悲劇了，這是誰也救不了的自作孽啊！

十九世紀全力推動工業化，造成今日的污染與毒害
二十世紀盲目推崇商業化，造成今日一切向錢看的惡果

↓

導致現代人類自我滅絕的危機

↓

自救之道

要「工業」不要「工業化」　　要「商業」不能「商業化」

↓

共同以易理來加以合理的規範

五、明辨商業不同於商業化

儒家倡導「義」、「利」之辨，並不是只要「義」不要「利」，因為那種高調，根本不符合人性的要求，也不符合自然的道理。真正的目標，是希望大家能做到「利從義來」，千萬不要「見利忘義」。簡而言之：「不賺沒天良的錢！」

商業行為，最容易見利忘義。為了貪利，便經常不擇手段。唯利是圖，甚至於貪財害命，都狠得下心。儒家為了促使商業走上正道，因此提倡「商業倫理」，造就出大家所敬愛的「儒商」。

「儒商」的主要精神，即在賺取合理的利潤。謀求正利，還要遵循正道。對於邪利、暴利、不當利得，堅持「有所不為」的原則。正派經營，造福人群，可以說是當之無愧。

現代美式作風則大搞商業化，講求快速致富，造就出「笑貧不笑娼」的可恥心態。甚至推出富人排行榜，鼓勵大家「一切向錢看」。把所有節日的真實意義全都淹沒。大家只知道吃喝玩樂，使宗教也不得不走上街頭，譁眾取寵。音樂、美術、體育的教化功能，消失殆盡。商業炒作、欺騙大眾，成為共同的目標。

正正當當的商業，對人類社會有利。但是除了商業以外，我們還需要藝術、工業和正常的生活。商業化的浪潮，使藝術也走上歪路、工業變成不擇手段，更嚴重地破壞了我們的正常生活。長此以往，商業化必將取代、侵蝕掉所有的文化，這豈是我們所樂見的結果？此時我們不得不更加崇敬老祖宗的智慧：人類只能有文化，不能搞商業化。明辨「商業」和「商業化」的差異性，及時端正商業行為，可以說是人類自救的第一步。

商業 ≠ 商業化

商業	商業化
商業是人群社會中，必要的活動，和工業、農業、藝術，應該要永續共存。商業必須重視倫理，不能夠見利忘義。	商業化一切以賺錢為目的，可以見利而忘義。它已經搞亂了各行各業，使大家愈來愈不擇手段。音樂、宗教、體育、美術，都將喪失原有的教化功能。

憑良心、求合理的才是商業
不憑良心地商業化，只會加速人類的自我滅絕

六、即使是定數也能夠延緩

《易經》提示物極必反的道理，當人類的創造力發揮到極致時，自我毀滅的力量也是難以抵禦。這種「盛極必衰」的定數，在人類歷史上，已經出現過很多次，可說是鐵證如山。

人類自我滅絕，既然是不可避免的定數。那麼，有沒有既定的時間表呢？答案是令人擔心害怕的：「當然有」，但是附帶了一個條件：「人類倘若提出要求，原訂的時間表，還是能夠變動的。」這種話聽起來，有一點奇怪，其實十分明白，那就是既然上天賦予了人類自由意志、創造力以及自主性，那麼就應該秉持天人合一的原則，接受人類的要求，彼此互動，共同決定滅絕的時間表。

人類可以藉由各種努力，延長自己的壽命，但無論如何，都沒有辦法永生。同理，人類遲早會滅絕，但藉由人類的努力，一定可以使滅絕的時間表延後幾十年、幾百年，甚至幾千年、幾萬年。有人問：「滅絕的時間訂好了嗎？」答案是：「當然訂好了。」因為只有訂好的時間，才能加以商量；若是尚未訂定時間，又有什麼好商量的？所以人類如果不趕快提出申請，也就是努力自救，那麼上天就會按照預定時間表來執行；如果人類趕快和上天商量，也許還有延緩的可能。

宇宙是變動的，卻能夠有秩序地動而不亂，也就是亂中有序，可見一切都有計畫，並且配合實施的時間表。若是大家沒有意見，不提出變更申請，不要求有所改變，當然一切就會按照原定計畫執行。假若有人提出疑問，要求加以改變，只要合乎天人合一的原則，要求得合理，上天必然按照規定的秩序，變更原訂的時間表。自天佑之，就是這個道理。

定數是可以改變的

天命

人類自我滅絕，
是不可避免的定數。
一切有計畫，
而且配有時間表。
只是天人合一，
還有商量的餘地。

人事

訂好的時間，
可以設法延後，
人類的努力，
不可能白費。
只要合理，
凡事都可以商量。

人類已經有所警惕，只是做得還不夠好

我們的建議

1 世事多變化，看似無常，這是「變易」的部分；一切都有預先訂好的計畫，並非偶然，則是「不易」的部分。兩者兼顧並重，才能掌握未來的變化，並且覺得「簡易」。

2 天命代表上天（自然）的命令，必須遵循既定的計畫施行，才合乎天理。「人類自我滅絕的時間表早已訂好」，這句話絕非危言聳聽，也非一派胡言。不能視而不見、聽而不聞。何況種種警訊已經十分明顯，不容大家避而不談。

3 但是在「天人合一」的前提下，我們相信人類的努力，當然有可能變更天命。雖然人力有限，不能完全改變自我滅絕的可能性，卻能夠延緩自我滅絕的發生時間。「一切有定數」這句話，實際上有設法加以改變的可能性。

4 常言道「上天有好生之德」，表示上天不可能完全不理睬人類的呼喊、懇求、申請。凡是不認命、不死心、不自暴自棄的人，在這種緊要關頭，都必須挺身而出，為全體人類做出最大的努力。

5 一般動物並不會自我滅絕。因為一般動物只有「物性」，而不具備「物格」。人在「人性」之外，還有「人格」。人格不高尚，才是自我滅絕的真正原因。

6 人類會存心自我滅絕嗎？當然不會！既然並不存心，又為什麼會遭致自我滅絕的危機呢？這是現代人類必須深切反省的重要課題，與「剝極而復」的道理有相當密切的關聯性。

《第三章》

該如何正視
剝極而復？

「剝極而復」和「否極泰來」一樣，
都帶給人類無限的希望和期待。

然而對現在活著的這一代人來說，
滅絕之後還能不能夠復生？其實誰也沒有把握。

我們的最大企求，其實不在復生，
而是希望在有生之年，人類不要慘遭滅絕。

相信人類既然有自主性和創造性，
就應該有能力設法延緩人類滅絕的期限。

只要一息尚存，就不讓人類滅絕，
這才是現代人所應有的共同抱負。

當務之急，在調整現行的普世價值，
及早做出合理改變，才是大家應該努力的方向。

一。以平常心正視剝極而復

大家心中有數，生、老、病、死，乃人生必經的過程。但為什麼面臨死亡時，仍大多會心生恐懼、不捨，甚至怨天尤人呢？可見心中有數是一回事，各人的反應仍然大不相同。平常心說起來容易，真正能做得到的卻沒有幾個。

我們認為《易經》不是用來背誦的，而是用來玩賞的。便是平時就要抱持平常心，並且養成習慣，才能夠用心體會，精心領悟。天下本無事，庸人自擾之。既然如此，為何不以平常心來看待一切事物？又何必對《易經》另眼相待呢？

《易經》所揭示的，不過是平常的道理。我們從「百姓日用而不知」——多少人日常生活中都在實踐易理，自己卻茫然不知，便可以知曉剝極而復的情況，最慘烈的即為全球毀壞，人類當然也就隨之滅絕了。曾經活躍於地球的龐大恐龍，都已經滅絕了，何況弱小的人類呢？科技再發達，也挽救不了人類。

《易經》第二十三卦為剝卦（䷖）；第二十四卦，則為復卦（䷗）。〈序卦傳〉曰：「賁者，飾也；致飾然後亨則盡矣，故受之以剝。剝者，剝也；物不可以終盡，剝窮上反下，故受之以復。」「賁」指第二十二卦，稱為賁卦（䷕）。「賁」是指文飾，花樣太多了，似乎十分亨通，既好看又好玩。然而，一旦文飾到了極致，所有的亨通都將歸於窮盡，所以「賁」之後為「剝」。「剝」是剝落的意思，事物也不可能永遠剝落殆盡，總有碩果僅存的希望。剝落至極，又將復返而重生，所以接著便是「復」卦。

這種剝極而復的自然規律，如何促使我們知機、察變，從而尋找出趨復避剝的可能性，才是現代人類的重大課題。

剝
23

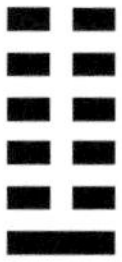
復
24

剝	復
人類的花樣太多， 加上貪得無厭， 看起來興隆發達， 實際上耗盡資源。 一旦資源耗盡， 人類就活不成了！	人類遭到滅絕， 但總有一些得以倖免。 碩果僅存的人， 知道窮盡的可怕， 重新愛惜資源， 因而復返得到重生。

剝極固然有復生的可能，但過程必然十分慘烈

二、創造趨復避剝的新文明

現代文明，把人類一步一步推向剝落的邊緣。我們倘若不能加以改變，勢必日趨衰落，瀕臨自我滅絕而難以挽救。現代人喜歡「創新」，卻陷入「新」、「舊」二分法的思維，只認為新的比舊的好，卻無法釐清改變新方向、採取新方法、實施新方式的必要性和重要性，實在是很不幸的一件事。創新的主要目標，應該是改變現代文明。如果認為改變過分嚴重，至少也要設法做出合理的調整。二十一世紀的創新任務，應該是調整現有普世價值，創造出新文明。

新文明的創造，既然以趨復避剝為主旨。道法自然，就成為十分重要的指標。以自然為師、拿自然做標準，來反省衡量現行的普世價值，把它調整得合乎自然規律，便是我們應該努力的途徑。如此說來，易理的瞭解與運用，就顯得格外重要。依據易理來調整，才合乎自然。

首先，我們必須堅持三大原則：不造神、不聚眾、不歛財。茲簡要說明如下，以供參考：

1. 不造神。神是人死後自然形成的，人只要活著有一口氣在，就是人不是神。倘若趁著大家惶恐不安時造神弄鬼，根本就是不合乎天理、沒天良的表現。
2. 不聚眾。集會研商，有時是必要的措施。但聚眾滋事，或者組織幫派，就會經常惹事生非，殊無必要。
3. 不歛財。收取合理費用，賺取合理利潤，當然不是歛財。接受捐款，不納入私人口袋，使用得當，收支合理而公開，也不算歛財。不合乎上述條件的，務請提高警覺，以免害人害己。

創造趨復避剝的人類新文明

不造神

人只要活著，
有一口氣在，
就不可能是神。
裝神弄鬼，
並不合乎天理。

不聚眾

集會研商，
或許有其必要。
但聚眾滋事，
組成幫派，
實在沒有益處。

不歛財

合理收費，
合理利潤，
當然不是歛財。
暴利、邪利，
十分不可取。

改變現行普世價值，使其合乎自然！

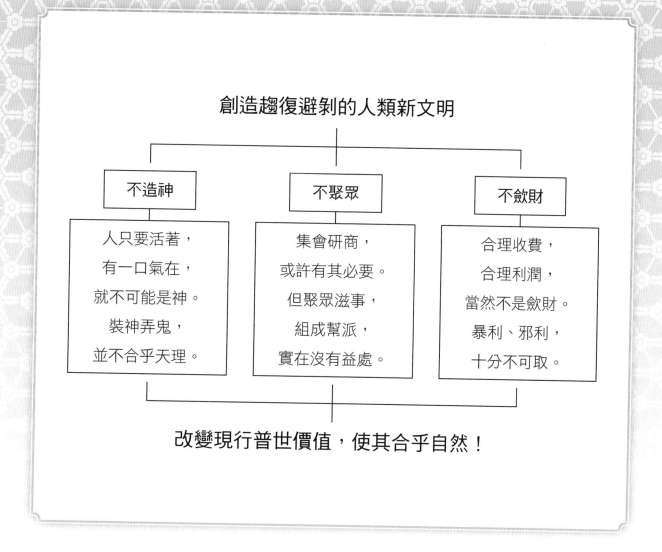

三．最可怕的是一切向錢看

發展科技，原本是為了造福人群社會，不幸在商業化之後，發展科技的目的已經變質，成為金錢至上、賺錢第一。「只要有錢賺，有什麼不可以？」這樣的想法，似乎成為許多人的共識。倫理道德，早已被置之腦後，不再為科學家所重視。隨著科學技術、生產力和經濟的快速發展，一方面是物質財富日愈豐盛，一方面則由於生態環境遭到嚴重破壞，使得生存條件也日愈惡化。大家心中只有績效、利潤、所得，忘記自己的所作所為，已經超越了自然所能承受的範圍，因而造成氣候異常、水土流失、植被破壞、物種滅絕、環境惡化、土地沙漠化等一連串的生態危機。終至自作自受，人類也因此而瀕臨滅絕的命運。

科技是無辜的，我們不能把這些惡行的責任，全都推給科技。反而是人類必須深切檢討，由於自己的貪婪，才導致今日的惡果。說到底，人類自我滅絕，主因不在於發展科技，而在於永無止境的貪婪心，導致一切向錢看的風氣所造成。

易學倡導「道」、「器」兼顧並重，現代人卻以二分法思維，將「道」、「器」一分為二，而難以二合為一。透過科技發展，把「器」的部分擴張得幾乎淹沒了「道」。使大家只重視物質生活，卻忽視了精神方面的修養。心中只盼望早日獲得自己的「第一桶金」，期待用此快速致富。其餘什麼世道人心、人情世故、倫理道德、藝術欣賞、中心信仰，全都提不起興趣。就單憑這一點，也已經符合「天誅地滅」的條件了。不幸的是，這種現象大家時有耳聞，卻見怪不怪，不思改變，可說是窮到只剩下錢，其他一無所有了！

商業化造成一切向錢看的歪風

憑良心的 **商業** V.S. **商業化** 不憑良心的

商業促成良性交易，
可以互通有無，
增進生活的方便，
提高生活的樂趣，
大家賺取合理利潤，
對人類有很大助益。

不憑良心、不擇手段、唯利是圖，
借商業之名，行謀利之實。
一切向錢看、能賺錢就好，
見利忘義，也在所不惜。
破壞社會風氣，貶低人生價值，
毀滅各行各業的真實意義。

一切向錢看，才是人類瀕臨滅絕的根本原因

四・一般人只能以利害反應

人類滅絕的預言，傳聞頗久。一般人的反應，大多站在「利」、「害」的關係來考慮。舉例如下：

1. 認為大難臨頭，並且在劫難逃——反正跑不掉，不如趕快把錢花掉，換取一些即時的快樂。既然人生幾何，為何不對酒當歌，死得快樂一些？也算是撈回一些本錢。有些人甚至把存款花光、把信用卡刷爆，還儘可能地借錢來花用，希望花個夠本。就沒有想到萬一人類不會滅絕，到時候該怎麼辦？這種人實在是太短視、太沒有責任感了。

2. 認為可能滅絕，卻不認為自己會活得那麼久——意思是滅絕的時候，自己已經先一步走了，或者活得差不多了，並不在乎。這種人並不懷疑、也不緊張有關滅絕的傳聞，似乎事不關己，不用操心。甚至表示不希望活那麼久，就算滅絕時自己還活著，能趕上大夥兒一起死，覺得這樣也不錯。因為大家都走了，自己留下來，反而很傷感！

3. 認為「請拿出證據，否則不要亂說」——意思是這些傳聞，缺乏具體的證據，也不可能加以檢驗，完全不符合科學精神。最好有一分證據，才說一分話，不應該道聽塗說，或者妄自幻想，便到處傳布，造成社會的不安。這種人是唯科學主義者，幾乎把科學當做一種宗教，並且堅定地信仰著，具有科學基本教義派的濃厚色彩。然而，真正懂得科學、瞭解科學發展的人，根本不應該如此。

這三種反應，都居於利害觀點，並不瞭解吉凶的真義。可以說是粗淺的、表面的、立即的、未經深思熟慮的反應。

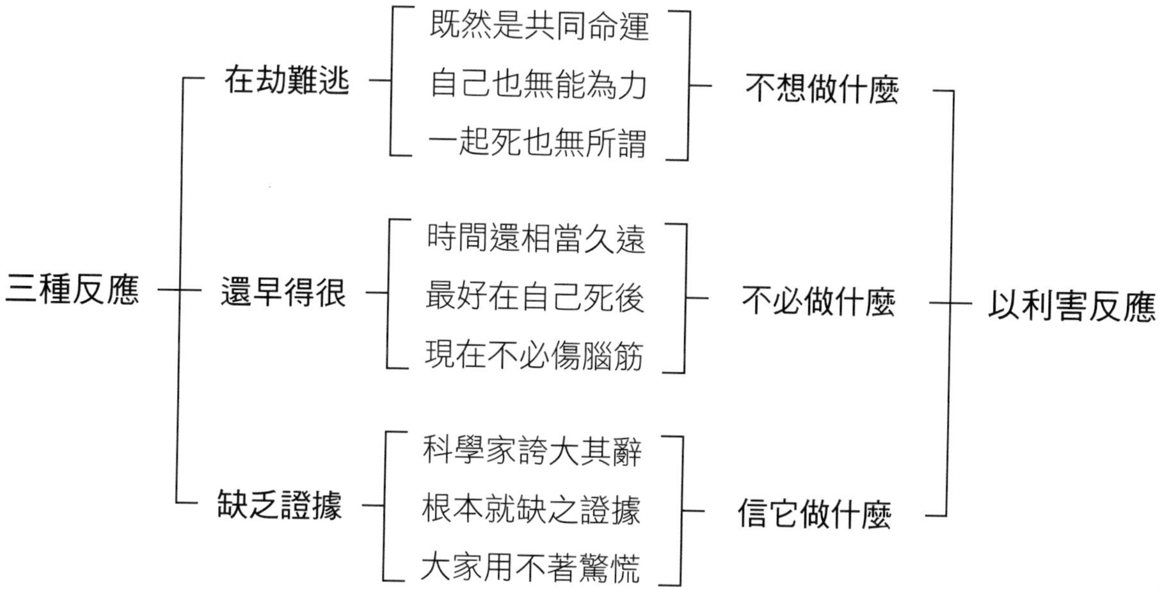
三種反應
在劫難逃
既然是共同命運
自己也無能為力
一起死也無所謂
不想做什麼
還早得很
時間還相當久遠
最好在自己死後
現在不必傷腦筋
不必做什麼
缺乏證據
科學家誇大其辭
根本就缺之證據
大家用不著驚慌
信它做什麼
以利害反應

五。必須提升到吉凶的層次

若是站在吉凶的層次，來分析人類滅絕問題，應該會產生不一樣的想法。茲說明如下，以供參考：

1. 人類可能滅絕，才是合理的推論——如果人類不可能滅絕，人類就可以為所欲為，毫無顧慮地貪得無厭，豈不是沒有限制地容許人類發揮自主、創造的自由意志？對於其他生物、非生物來說，人類已經取代了天的地位，遠遠超越了天人合一的互動狀態，更可以合法地滅絕其他生物、非生物，破壞生態系統與宇宙磁場，卻不受任何約束，顯然有違公正的理則。

2. 上天依據自作自受法則，可以使人類合理地滅絕——若是完全由上天決定，何必賦予人類自由意志？若是完全由人類決定，人類就不可能被滅絕。求生怕死是人之常情，要人類下定決心自我滅絕，幾乎是不可能的事。自作自受是公正的法則，上天、人類以及所有生物、非生物，都必須接受它的約束。上天視人類為萬物之靈，讓人類自主地依據自作自受的法則，制訂人類滅絕的合理期限，既非「天主」（上天片面做主），也不是「人主」（人類片面自主），完全合乎天人合一的約定，天人之間應該互相尊重。

3. 人的生命有限。生而不死，迄今尚無此特例——有生必有死，是人類共同的局限性。上天使人有智愚之分，原本是為了分工合作的需要，人類卻用以做為競爭的本錢；「才也養不才」的美意，被同工同酬所取代；立足點應該平等，卻為公平競爭所破壞。人類至此，不滅絕豈有天理？

- 依吉凶判斷
  - 可能滅絕
    - 有生即有死
    - 當然會滅絕
    - 時間不一定
    - → 趨勢是必然的
  - 自作自受
    - 人類自作自受
    - 以致加速滅絕
    - 不必怨責自然
    - → 天人共同決定
  - 改變觀念
    - 人是觀念動物
    - 必須改變觀念
    - 才能延緩滅絕
    - → 人要改變自己
- → 必須做些調整

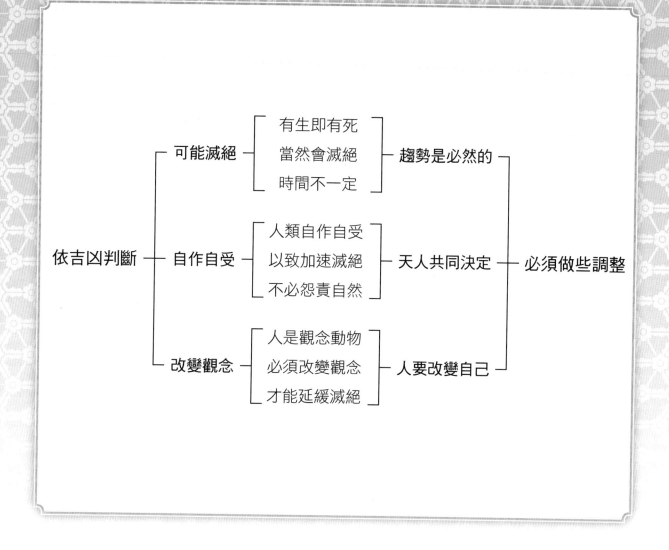

六・重新調整現有普世價值

若干地區的居民，幾乎完全不破壞自然環境，可是我們卻把它視為落後地區。說得好聽一些，是開發中地區，其實也就是有待開發的意思。我們現行對於是非、好壞、善惡、美醜、優劣、勝敗、輸贏的評估標準，到底正確與否？實在值得重新檢討。倘若我們認為現行的評估標準是正確的，社會何至於如此混亂？人心怎會如此不安？人類又怎麼會感受到滅絕的威脅？人類會不會滅絕，主要是一種感覺。大家先認為有此可能，才會透過科學的論證，提出若干警訊。如果大家都覺得沒有這種可能性，再怎麼恐嚇，大概也收不到效果。每當人心不安到某種程度，便會產生一種「再不滅絕，似乎不合天理」的感覺。這樣的感覺，逐漸形成一種磁場，與地球磁場相感應，於是不幸的感覺就演變成事實。我們不妨把這種感覺，看做是一種詛咒，也就是「天理不容」的念力。當它夠強時，作用就產生了。我們常說「心想事成」，這也是其中的一種，只是十分不幸罷了！

現行的評估標準，在當初訂定時，必然有相當的道理，否則就不可能成為大家深信且奉行不渝的普世價值。然而，經過長時間的考驗後，才會知道有些標準是正確可靠的，而有些標準則必須加以調整改變。我們提出「以自然做標準」的共識，凡是合乎自然的普世價值，便可予以保留，否則就應該做出合理的調整。處於人類瀕臨滅絕的邊緣，我們已經時日無多。當務之急是冷靜地檢討當前的普世價值，並做出合理改變。

重新調整現有普世價值

現今的情況

全球暖化警訊升高，
水與空氣污染嚴重，
水土流失、土壤沙漠化，
植被遭破壞、物種被滅絕，
環境惡化日愈嚴重，
社會正義普受漠視，
天地萬物難為一體，
弱勢族群遭受欺壓。

未來的期許

冷靜檢討現行普世價值，
以自然做為衡量的標準，
合乎自然要求可以保留，
不合乎自然部分要調整，
逐漸孕育出新普世價值，
使天人合一能重新體現，
一方面延緩人類的滅絕，
同時也開展合理新文明。

有賴各行各業有心人士共同努力

我們的建議

1. 剝卦（䷖）和復卦（䷗）相綜，剝卦倒過來看，就成為復卦；復卦倒過來看，也就是剝卦。剝極而復，可以看成上天有好生之德，給剝一個機會，得以復生，能夠由凶轉吉。
2. 人類滅絕，可以說是最慘烈的「剝」。能不能碩果僅存，再次獲得生機？實在難以預料。即使真能復生，也不可能是這一代人的事情。因為人死不能復生，迄今尚無例外。就這一代人而言，滅絕可說是最不幸的遭遇。
3. 有生即有死，人類滅絕應該是必然的結果。但是人類有自主性和創造性，可以延緩滅絕的期限，應該也是必然的。如何延緩人類滅絕？有賴於人類對於自然善盡責任，也就是人類的所作所為，必須合乎自然的要求。
4. 近來人類挽救地球的呼聲響徹雲霄，表示人類已經開始自我反省。知道自己的責任，在於挽救地球。而挽救地球，用意即在延緩人類的滅絕。「剝」極固然有「復」的可能，但活著的現代人，總是希望不要在自己的有生之年，慘遭滅絕的不幸。
5. 重新評估現行的普世價值，應該是人類的當務之急。因為現行普世價值，已經造成當前人類瀕臨滅絕的惡果。
6. 我們最好看看《易經》第二十三卦——山地剝（䷖），帶給我們什麼樣的啟示，以便對應現代人類所處的狀態，及時做出合理調整，看看有沒有延緩滅絕的希望。

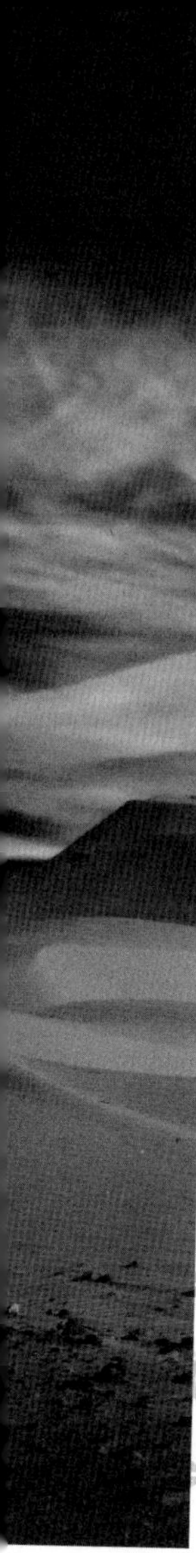

《第四章》

剝卦六爻
有哪些啟示？

卦象呈現一陽爻居上、五陰爻在下，
陰柔一步步成長，陽剛快要完全被消除。

一群小人當道，君子被迫步步退讓，
最好暫時靜止，以待時機有所轉變。

小人道長、君子道消，有如以小壓大，
艮ㄍㄣˋ上為山，坤下為地，象徵以小山壓制大地。

君子處剝之道，即在順而止之，
非到最後關頭，不必做出無謂犧牲。

趁機面壁思過，好好自我檢討，
等待良機到來，全力東山再起。

剝是陰剝陽，由下向上剝削，
必須在守正之餘，加以合理應變。

一．基礎遭剝落宜守正防險

剝卦（䷖）坤下艮上，象徵山在地上。但是仔細觀看全卦的卦象，艮上保留山的形體，坤下卻現出山的底部，基石泥土被剝削，顯得根基空虛，好像崩塌下來而附著於地面上，所以卦辭說：「剝，不利有攸往。」「往」是前進的意思，「不利有攸往」便是不利於有所前進。下面五個陰爻，一層一層由下向上剝，剝到只剩下一個陽爻，整座山剝落到只剩下一個空殼子。此時任何作為都是不利的，當然「不利有攸往」。在「剝」的大環境中，小人（五陰）道長而君子（一陽）道消，以小（陰、惡劣小人）壓大（陽、大人君子），象徵五陰消一陽，邪惡勢力剝落正義。這時候君子採取任何行動，都是不利的。硬碰硬拚，反而中了小人的圈套。

初六爻辭：「剝牀以足，蔑貞凶。」小象說：「剝牀以足，以滅下也。」「足」是牀的基礎，一張足部穩固的牀，才能讓人睡得安穩。「以」意指「於」，從牀腳開始剝落，使其基礎不穩。「蔑」即是「滅」，要滅掉牀的功能。剝卦（䷖）有牀（匚）的象，初六正好位於牀腳的位置。有如原本是乾陽的初六，被坤陰滅掉，成為陰的初六。「以滅下也」，即指初陽為陰所滅，象徵陰的勢力開始向上侵蝕，終將滅掉全卦僅存的上九那一陽。在這種剝落的情勢中，初六以陰居陽位，表示君子失位，所以說「蔑貞」。正人君子被消滅，當然會招致凶禍。此時更不能放棄正道，否則和小人有什麼區別？然而，只知道固守正道，不能夠做出合理的因應，恐怕也抵擋不住小人的排斥和壓制。因此除了堅守貞正之外，尚須用心防險，及時權宜應變，以求保持實力。

剝 ䷖
23

初六，剝牀以足，蔑ㄇㄧㄝˋ貞凶。

初六是全卦的始位，好比牀底下的那四根支柱，是牀的基礎。初六以陰居剛位，並不當位，象徵基礎已經受到剝落，有動搖根本的可能。「蔑ㄇㄧㄝˋ」有兩種意思，一是牀腳開始剝落，遲早要滅掉這一張牀的功能；一是倘若再持續採取蔑ㄇㄧㄝˋ視、輕視的態度，不趕快加以挽救，恐怕凶險到來的那一刻，想要挽救也無能為力了。處於這種剝落的情況下，守正固然重要，防險也不能忽視。一味守正，卻不動腦筋做出合理的因應，那就必然招致凶險了。

守正之外，還需要用心防險

二、迫害由漸而來更應守正

原本山在地上，為什麼會變成山附於地呢？主要是由於剝落的力量，使原來十分穩固的基礎鬆垮下來。剝卦（䷖）彖辭說：「剝，剝也，柔變剛也。不利有攸往，小人長也。」「剝」指剝落、剝削、壓制、侵略的意思。五個陰爻漸次向上，所發展出的惡劣勢力，最終必然滅掉最上面的唯一陽爻。「柔變剛」即是以柔變剛，顯現出陰盛陽衰的狀態。當小人得志時，君子不論採取任何行動，結果都是不利的。不如依剝（䷖）的象來用心觀察：下坤為順、上艮為止，於是順而止之。領悟出順著當前的不利情勢，暫時保持靜止，以待時機轉變，再做打算。君子遵循這種「事物消長，盈滿虧虛」的轉化規律，順應天理，採取適當的行為，才是較為合理的處剝之道。

六二爻辭：「剝牀以辨，蔑貞凶。」小象說：「剝牀以辨，未有與也。」六二以陰爻居柔位，又是下坤的中爻，可以說是既中且正。但是在下的初六已經受到剝落，難以支撐六二；在上的六五又與六二不相應，不能及時加以應援。「未有與也」，表示上下都得不到適當的援助。即使六二居中得正，在這種「未有與也」的剝落情況中，難免和初六一樣，遭到「蔑貞凶」的惡運。當迫害由初而上、由漸而來，我們既不能對正道喪失信心、和小人同流合污，也不應該死守正道而不知變通，以免造成無謂的犧牲。處剝之道，應該是「未到最後關頭，絕不輕言犧牲」、「留得青山在，不怕沒柴燒」。君子暫且委屈求全，務須明哲保身。期待機會到來，再奮力反剝求復，重新站起來，如此才是處剝的正道。

剝 23 ䷖

六二，剝牀以辨，蔑（ㄇㄧㄝˋ）貞凶。

六二以陰居柔位，又為下坤的中爻，按理居中得正，應該會有良好的表現。可惜處於剝落的大環境中，在下的初六受到剝削，難以支撐六二；在上的六五，又與六二不相應。在這種上下都得不到支援的情況下，只好像初六那樣，接受剝落的凶禍。「辨」指牀的支柱木架。初六的牀腳已剝，接著當然就是六二的牀架遭到剝落。

堅守正道，卻不宜輕言犧牲

三・雖處剝落之時仍可无咎

剝卦（䷖）大象說：「山附於地，剝；上以厚下安宅。」依現代的情況來看，山高高地附在地面上，推土機一來，目標一定對準山，要設法把它推成平地，以資利用。愚公移山的故事，在當年機械設備不夠精良的條件下，尚且有恆者必能成功，更何況是現代化的各種精良設備呢？坤下艮上，原本是山在地上的象。就是因為要提高我們的警覺，才特別提示山附於地，啟示我們「厚下安宅」，重視基礎穩固的重要性。山附於地，實際上是山崩塌下來，附著在地面上。崩塌的原因，就是山下的基石泥土被剝削，根基空虛，以致於產生崩塌。倘若基石穩固，不被掏空，當然不至於剝落。

六三爻辭：「剝之，无咎。」小象說：「剝之，无咎，失上下也。」初六、六二都是貞凶，為什麼六三得以无咎呢？因為坤下三個陰爻，唯獨六三與上九相應，象徵它雖然是陰剝陽的一分子，卻並未行剝之惡。有如三國時代徐庶被騙到曹操陣營後，發誓不出一謀，所以終能无咎。六三以陰居陽位，又是坤下的究位，通常是不可能无咎的，然而卦名是「剝」，卦義為「剝落」，卻含有暗中協助上九的意思。由於身為賊黨（六三居初六、六二與六四、六五群陰之中），卻能夠不為賊（與上九相應），所以无咎。失上下的意思，是脫離上（六四、六五）下（六二、初六）群陰的正常協同關係。對這四陰而言，應該是有所違失了。這一爻給我們很大的鼓舞，意謂著只要處置妥當，即使身處剝境，仍然能夠獲得无咎。失去上下的牽制，有時反而无咎，值得我們深思。

剝 23

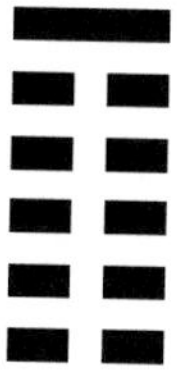

六三，剝之，无咎。

六三陰居剛位，上有六四，下有六二。由於在全卦之中，只有六三與上九陽爻相應，具有身為賊黨卻不為賊的優勢，所以无咎。剝卦以陰剝陽，六三雖然是其中的一分子，但並沒有行剝之惡。意謂即使身處剝落的大環境中，小人只要能夠潔身自好，不參與陰剝陽的惡行，仍然可以保持无咎。

身處剝境，只要因應得宜，仍然可以无咎

四、基礎徹底剝落危及人身

任何組織的毀壞，大多是由下而上。人的健康不良，首先會覺得雙腳無力；房屋出現傾斜現象，一定是地基出了問題。初六以牀下四根支柱的毀壞為譬喻，警告我們牀將要滅了。倘若再輕視牀腳的剝落，凶禍就難免了。六二傷及牀的框架，六三則是牀墊，也就是牀和人的中介物。六四為艮上的開始，倘若坤下代表牀，艮上便表示睡臥在牀上的人，也就是剝及人的皮膚了。所以六四爻辭說：「剝牀以膚，凶。」小象說：「剝牀以膚，切近災也。」此處的「膚」，象徵人身的表皮，若再深入下去，便是心肺了。陰禍已經切近人身，當然是凶。

六四和初六的處境相似，都是陰爻，居於艮卦的始位。六四本身柔弱，又得不到初六的應援，以致六四雖然當位，卻也備受剝削。我們從剝卦（䷖）的象來體會，坤下可以想像成山上不斷向下滑落中的土石流。這些土石流一波又一波地向下滑落，使山和地的界限愈來愈模糊，也斷絕了山中居民和外界的交通道路。導致原本山在地上，彼此方便交往的景象，逐漸演變成山附於地的狀況，兩者的關聯性遭受嚴重的破壞。艮上代表著山中的居民，在此一內外交通中斷、土石流滑落不止的狀況下，大家勢必感受到切近己身的災害了。

剝卦五陰一陽，只有上九是陽爻。初六和上九無應，六二也是如此。上九代表正人君子，初六、六二無應，有藐視的意思，所以初、二兩爻的爻辭，都有「蔑貞凶」的警語。六三與上九相應，得以无咎。六四切近災害，不論蔑視與否，都有切膚的禍患，所以直接說「凶」，而不是「蔑貞凶」。

剝 23 ䷖

六四，剝牀以膚，凶。

六四以柔居陰位，固然當位。但是居於上艮(ㄍㄣˋ)的始位，與下坤的初六同為陰爻，不能相應。六四本身柔弱，又得不到初六的應援。和初六一樣，都要遭受剝落。下坤為牀，上艮(ㄍㄣˋ)即為躺臥在牀上的人。首先受到剝落的，當然是皮膚，所以說「剝牀之膚」。對牀上的人而言，已經算是切近己身的禍害了。六爻發展到六四，顯得陰過其半。陰長陽消，正道已經露出凶象了。

陽剛正道已露凶象，危及人身

五、剝極將復當然无所不利

剝卦（䷖）真的毫無可取嗎？當然不是。正人君子應該想一想，小人猖狂到這樣的地步，君子難道沒有責任？就算真的無可救藥，何妨退讓一下，使小人試一試統治的滋味。倘若能夠逆取順守，也是剝極將復的良好現象。

六五爻辭：「貫魚以宮人寵，无不利。」小象說：「以宮人寵，終無尤也。」陰爻自初六發展到六五，已經順次排列成串，有如貫魚一般。如果能夠模仿宮中的后妃嬪妾，極力爭取君王的喜愛。也就是把上九視為道統，不加以剝毀排斥，反而十分親近，相當於逆取順守，恢復正道，終歸沒有過失，所以說「无不利」。「尤」即過失，「无尤」當然「无不利」。六五在上九之下，以陰承陽，按照《易經》通例，六五陰爻承助在上的上九陽爻，為柔承剛，有順而善的效果。剝卦（䷖）五陰一陽，顯示五陰既剝陽又依賴於陽。五陰之中，初六、六二都得不到上九的相應，所以「蔑貞凶」。六三與上九相應，得以无咎。六四與上九不相應，又導致陰柔過半的弱勢，因此直接警示為凶。六五率領五陰，仿效宮中的后妃嬪妾，獲得上九的寵愛。上九不遭受剝削，五陰也才能夠賴以存在，這就是「逆取順守」的道理。上九與五陰並存，表示小人雖以卑劣手段獲得領導權力，仍然以維護上九正道為努力的目標，當然无所不利，終無尤也。

倘若一看到剝卦，就認定這是不好的、悲慘的卦，豈非意謂著無法改變的宿命嗎？其實，易卦本身沒有好、壞的分別，無論是處在何種情境下，都有趨吉避凶的可能。所以說《易經》早已擺脫命定論的陷阱，這點值得學易者特別注意。

剝 23

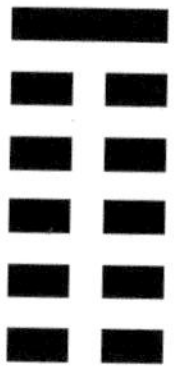

六五，貫魚以宮人寵，无不利。

六五以柔居剛位，並不當位。但是居於上艮的中位，有統率五陰的威勢，只要發揮以柔（六五）承剛（上九）的善德，統率五陰，仿效宮中的后妃嬪妾，獲得君王（上九）的寵愛，把原本五陰剝一陽的惡意，改變成五陰護一陽的美德，使正道（上九）不受到剝削，而得以長久存在。僅管五個陰爻已經順次排列，成串如貫魚般，也能夠逆取順守，所以無不利。

逆取順守是處剝的有利方式

六・碩果僅存得以萌芽滋長

盛衰循環，隆替往復，是一種難以改變的定數。然而，這並不是一成不變的既定模式。在變化的過程之中，仍然有很多天助自助的可能性，因此不能夠以命定論視之。五陰剝一陽，終久會把那僅存的一陽也剝掉，這是定數。但是在最上面的一陽被剝掉之前，還是有很多事情可以做，也值得做。

上九爻辭：「碩果不食，君子得輿，小人剝廬。」小象說：「君子得輿，民所載也；小人剝廬，終不可用也。」我們常說「碩果僅存」，便是從這一爻所引伸出來的成語。此時五陽已經為五陰所取代，諸陽剝削已盡，獨有上九陽爻尚存，有如碩大的果實般，還沒有被吃掉。而且就算表皮及果肉被吃掉，只要果仁尚存，仍然有恢復生機的可能。「碩果不食」，象徵正道尚存，公道自在人心。上九一陽，覆蓋在五陰之上，如同君子乘坐在大車上面。「君子得輿」，為民所擁戴，提醒五陰要保護這樣僅存的一陽，才能有所作為。倘若「小人剝廬」，把廬舍的屋頂都掀掉，弄得不能安身。那麼即使擁有廬舍，也終究無法使用。

通觀全卦各爻小象，初六「以滅下也」，六二「未有與也」，六三「失上下也」，六四「切近災也」，以及六五「終无尤也」，都在闡明各陰爻和上九陽爻的關係。初六、六二和六四，與上九無應無比為凶；六三、六五和上九有應有比，即无不利。六五居中正位，又與上九相近，有柔承剛的善德，是趨復避剝的關鍵。雖然並非上策，也是反剝為復的唯一希望。使上九能碩果僅存，得以萌芽滋長，帶動五陰共同恢復正道。即使是逆取，倘若真的能順守，也是萬民之福。

剝 23

上九，碩果不食，君子得輿ㄩˊ，小人剝廬。

上九是全卦中唯一的陽爻，雖然以陽居陰位，並不當位，卻由於碩果僅存，為正道保留一點元氣。倘若五陰珍惜上九這一碩果，能夠不食，也就是不把它剝削掉，那就有如君子仍然坐在大車上面，民眾可以放心地擁戴他；否則，就像小人把廬舍的屋頂都掀掉般，弄得大家無處安身，那就只好忍耐，等待剝極而復的時機了。五陰把一陽維持住，正道碩果不食，仍然有趨復避剝的一點生機。六五和上九密切配合，應該是處剝的良策。

只要碩果不食，正道尚存，大家就仍保有希望

我們的建議

1 小人道長，君子道消，造成這種小人剝削君子的可怕現象，難道君子都沒有一點責任嗎？物必自腐而後蟲生；人必先疑而後讒言才能產生效果。觀諸中華歷史一治一亂，而且治少亂多。我們並不能把責任完全推給小人，君子也應該要好好反省才是。

2 易卦沒有好與壞的分別，每一卦都是有好有壞，才合乎「一陰一陽之謂道」的易理。謙卦（䷎）六爻皆吉，應該是唯一的例外。剝卦（䷖）上九一陽，居高而衰老無力。幸有六五以陰承陽，發揚趨復避剝的善德，帶來可喜的補救良藥。

3 陰氣原本向下，剝卦（䷖）卻從初六開始，一步一步向上成長，使得陽爻一步一步退讓。在變化的過程中，是不是應該有所反省，做出合理的調整呢？上艮有止的性質，必須適時發揮力量。

4 人們處於順境時，最容易得意忘形。原有的道德修養，像土石流一樣地向下滑落。這時候應該及時停止，才不致到了山附於地的剝境，使情況壞到無可救藥，任誰也無法拯救。

5 任何事物，基礎都十分重要。可怕的破壞，也是從基礎入侵。所以初九變初六，不過是個開端。看起來十分微弱，不料星星之火可以燎原。一旦向上衝擊，後果十分難防。

6 我們最好體會剝卦的陰陽消長，依循天道循環的自然定律，善自掌握妥善的處剝之道。務求由趨復避剝而反剝為復，並進而尋求超越剝復的智慧。

《第五章》

復卦六爻
說了些什麼？

一陰一陽之謂道，有剝即有復。
把剝卦顛倒過來，便成為復卦。

「剝」象徵小人剝削君子，小人得勢；
「復」表示君子自我警惕，並非報復。

君子風度，表現在復卦的爻辭，
不兇狠，不敵對，也不打擊小人。

趨復避剝，都是君子的責任，
不要把亂而不治，諉過於小人。

有退有進，復卦是陰退陽進，
主要在君子自求德業的健全。

復指終止剝削的行為，
事不宜遲，要把握時機奮勇前進。

一・起步不遠就能回復正道

復卦（䷗）的卦名為「復」，主要的意義是「回復」。卦形恰好和剝卦（䷖）相反，就是把「五陰居下，一陽居上」的局勢反轉過來，成為「五陰居上，一陽居下」。這一陽（初九）有如旭日東昇，勢必愈進而愈光明。象徵將剝卦的「小人道長、君子道消」，改變為「君子道長、小人道消」的良好景象。但是，君子和小人的作風畢竟不同。小人重在剝削，一心一意想要消滅君子，所以爻辭十分兇狠。但君子則重在自我警惕，並沒有要打擊小人的用意。因此復卦的爻辭，並不與剝卦針鋒相對。「復」的要旨在「復禮」，而不是「復仇」，這是君子所應該保持的良好風度。

初九爻辭：「不遠復，無祇悔，元吉。」小象說：「不遠之復，以修身也。」

復卦（䷗）震下坤上，初九居震下的始位，以剛居陽位，又與六四相應，在五陰一陽的復卦之中，初九成為卦主，實在是當之無愧。在復卦（䷗）的開始，便提出回復的主張。起步不遠，就能回復正道。就好比一個人迷失不遠，便能迷途知返；事情剛剛開始，便知過即改。這種「不遠復」的心態，就不致造成後悔。「祇」是至的意思，「無祇悔」即是不至於後悔。「元吉」，指有大的吉祥。剝卦（䷖）的上九，若是守不住，為五陰所剝，就成為坤卦（䷁）。那碩果僅存的一陽，在震動中來到初位，將初六變為初九，就成為復卦（䷗）。剝卦失去的一陽（上九），成為復卦（䷗）得到的一陽（初九），象徵失去不遠便復得。這種知過必改、迷途知返的心態，是我們修身的要領。只有善於修身的人，才能夠起步不遠，便勤於自省自反，能夠及早回復正道。

復

24

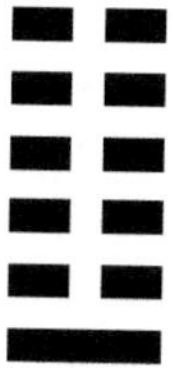

初九，不遠復，無祇ㄓ悔，元吉。

初九居全卦初爻，陽居剛位，又是震動的開始。當位力量大，與六四相應，不愧為本卦卦主。剛開始就有回復的意念和行動，稱為「不遠復」。這麼快就能下定決心、採取行動，當然不至於後悔。這種迷途知返、知過必改的心態，是我們修身的要領。初九是全卦的開始，「元」即為始，一開始便獲得吉祥，所以說「元吉」。「元」也是大的意思，「元吉」即為大的吉祥。

發現言行有失，立即知過必改，一開始便獲得吉祥

二、朝向美善回復可獲吉祥

復卦（䷗）卦辭：「復，亨。出入無疾，朋來无咎。反復其道，七日來復。利有攸往。」「復」為卦名，下震上坤。陰陽兩氣具有不同特性，陰氣主閉塞，陽氣則重開通。復卦初九，象徵陽氣回復，所以亨通。陽氣上行即為「出」，上行的結果，必然是陰氣消退，便是「入」。出入看似相反，實際上是一種行動（復）的兩個動作，合乎「一陰一陽之謂道」。出入為復，與自然規律相合。因此沒有毛病，即為「無疾」。單憑初九一陽，力道不足。必須群陽聚集，才能免禍。「朋來」指群陽相繼而來，當然无咎。「反復」和「來復」，都是回復。「七日」是一個週期，現代稱為一週。一卦六爻，每爻代表一日。由剝卦（䷖）初六，到復卦（䷗）初九，正好歷程七個爻位，叫做「七日來復」。復卦是陽氣回復正道的良好時機，大家應該及時把握，有所作為，自然無往而不利。

六二爻辭：「休復，吉。」小象說：「休復之吉，以下仁也。」六二以柔居陰位，又是下震的中爻，既當位又得中。上與六五不相應，因此下比於初九。「下仁」即以仁愛對待在下的初九，獲得休復的吉祥。「休」有兩層意義：一為休息、休養；一為樂善而寬大，能夠與初九休戚與共，採取一致的步調。君子和小人，並非同道。六二先以休息和休養的心態，逐漸與初九和而不同，不再敵對，然後與初九的仁心相通，由陰轉陽。這種朝向美善，回復正道的行為，當然可以獲得吉祥。小人倘能迷途知返，改過向善，君子也應該寬大包容，給予重新回復正道的機會，如此大家都能獲致吉祥。

復
24

六二，休復，吉。

六二以柔居陰位，又是下震的中爻，既當位又得中，但與六五不相應，因此向下親比初九，不再採取敵對的態度。「休」為休息、休養，先休兵然後才能樂善而寬大，與初九的仁心相通。因此由陰轉陽，獲得「休復」的吉祥。小人倘能迷途知返，改過向善，君子也應該寬大包容，給予回復正道的機會。畢竟陰陽消長，需要雙方面出入配合，才能產生良好的效果。

主動親仁，是回復正道的良好途徑

三。動搖不定導致反反復復

復卦（䷗）彖辭：「復，亨，剛反，動而以順行，是以出入無疾，朋來无咎。反復其道，七日來復，天行也。利有攸往，剛長也。復，其見天地之心乎？」「剛」指陽，「剛反」就是指陽剛回復本位。復卦坤上為順，震下為動。動在順下，象徵順理而行。這種順乎自然規律的回復，當然亨通。「出入無疾，朋來无咎」，實在是必然的現象。「七」這個數字，對宇宙、人生都具有重大意義。我們每週七日，又常說「六六大順，逢七就變」，可見七日來復，應該是自然反復的道理。「天行」即天道運行的規律，剝極而復，有一定的歷程，我們當另行說明。「剛長」，就是陽剛逐漸增長。「君子道長」，才能無往而不利。天地有生生不息的善心，是不是透過這種陽剛回復的天體以及人身的自我修復能力來體現呢？

六三爻辭：「頻復，厲无咎。」小象說：「頻復之厲，義无咎也。」初九剛剛發現過失，便立即修復，有「不遠復」的元吉。六二能夠及時「休復」，也獲得吉祥。六三已經是下震的末端，又以柔居陽位，不當位又遲遲不知自己的過失，當然危厲。「頻」即顰，是皺眉的模樣。為什麼皺眉呢？因為心中憂慮焦急，是不是太遲了？會不會太軟弱了？一旦有了這樣的心情，便不致找理由推卸責任、掩飾過失。所以雖然危厲，仍然可以无咎。但是六三與初九無應無比，又身陷群陰之中，難免意志不夠堅強，而搖擺不定。有時隨著六二，有時則仿傚上六，導致反反復復。好在卦象為復，大環境傾向於回復，只要調整合適，也就是合乎義理，應該可以无咎。

復 ䷗ 24

六三，頻復，厲无咎。

六三位居下震的末端，象徵有了過失，遲至第三階段才悔過求復。以陰柔居陽剛之位，顯得軟弱無力。這種情況，當然是危厲的。幸好「頻」即為顰，是皺眉頭的模樣，表示心裡憂慮焦急：「會不會太遲了？是不是不夠努力？」有了這種改過的誠心，雖然身處危厲，也能得以無咎。六三居於群陰之中，與上六不相應，和初九不相比，難免意志不夠堅定，有時回復，有時又產生抗拒。好在卦象為復，大環境主張回復。只要調整得宜，合乎義理，仍然可以無咎。

屢有過失必危，但能誠心改過，仍然無咎

四•回復正道必須果敢行動

復卦（䷗）大象說：「雷在地中，復；先王以至日閉關，商旅不行。后不省方。」復卦下卦為震為雷，上卦為坤為地。震下坤上，象徵雷在地中。「先王」指古代君王，仿傚這種雷伏在大地之中，以蓄積回復的能量。特別在「至日」，也就是冬至這一天，下令掩閉關隘，使民眾能夠充分休息，商賈旅行都暫時休止。君王自己也不出巡，以免勞動大眾。君王不省視四方，先後王都一樣。前面用「先王」，後面才說「后不省方」。人事會更動，自然的規律則恆久不變。

初九、六二、六三為震卦，初九為復的主要動力。六二靠近初九，採取屈己親仁的心態。六三緊隨在六二之後，明白復的方向，不像上六那樣迷途卻不知返。震中有順，是下震的成果。六四為上坤的開始，也是順中有震的起端，所以六四爻辭：「中行獨復。」小象說：「中行獨復，以從道也。」六四居五陰的中位，所以說「中行」。六四以柔居陰位，在五陰之中，是唯一與初九相應的陰爻。居中行正，即為「中行」。象徵與群陰同伴，卻不與群陰合流。獨能從善行仁，獨自回復正道。復卦（䷗）的六四，顛倒過來，正好是剝卦（䷖）的六三。剝卦六三與上九相應，不與上下四陰同剝，所以小象說：「失上下」。復卦六四與初九相應，不與上下四陰合流，因此形成「獨復」。復卦卦辭指出：「朋來无咎。」六四「獨復」，即為「無朋」。唯六四陰柔，實在難以「獨復」，所以爻辭並不言吉，但也不言凶咎。因為六四有獨復的志氣，果敢地回復正道，值得鼓勵，所以不提及「無朋」的危難。

復 24 ䷗

六四，中行獨復。

六四以柔居陰位，又是五陰的中爻，與初九的關係，可説是五陰中最為相應的一爻。居中且正，即為「中行」。在五陰之中，卻不與其它四陰同流，單獨回復，稱為「獨復」。但是復卦的情況，是「朋來無咎」。六四「獨復」，在「無朋」的情況下，不可能吉，但因為具有「獨復」的志氣，能果敢地回復正道，所以也不言凶咎，以資激勵。

果敢地採取單獨回復正道的心態，十分可喜

五．不掉以輕心才能夠免咎

復卦（䷗）初九一陽得勢，必須群陽相率而來，併力進取，才能獲得回復的效果。「朋來」便是群陽結伴而來，所以无咎。「七日來復」則是事不宜遲，雖然不是愈快愈好，卻也不能拖延時日，以免小人在位日久，乘機樹立黨羽，根深柢固，而難以改變。「利有攸往」則是復卦對君子有利，必須把握時機，有所作為，造成有利的效果。用來證明天道好還，雖然天地之心幾乎窒息，現在終於能夠復見了，當然亨通。

六五爻辭：「敦復，无悔。」小象說：「敦復，无悔，中以自考也。」六五以柔居上坤的中位，雖然並不當位，又與六二不相應，卻有著敦厚向善的良好心態，願意把失去的敦厚重新回復起來，所以無悔。六五為什麼「敦復」呢？主要是修己的功夫做得好。「自考」即自我考核、自我檢討。「中」為合理。拿合理的標準來自我考核，稱為「中以自考」。六五能虛心自省，改正過往的過失。不但勇於認錯，還要勤於復善。雖然與六二並不相應，不能有大作為，至少可以无悔。

復卦的精神，重在剛反。初九一陽回復上升，有「動而以順行」的氣象。下震為動，上坤為順。六五居上坤中位，能體會天道循環的自然規律，充分配合陽剛逐漸增長的趨勢，發揮坤順的精神，可見其敦厚篤實，利有攸往。

全卦發展到六五，歷經六二「休復」，六三「頻復」，六四「獨復」，來到六五「敦復」，似乎一路暢通。會不會順極生變，又產生什麼阻礙呢？我們心裡最好有這樣的準備，因為天道循環，原本如此。復卦見天地之心，也不致例外。

復 24 ䷗

六五，敦復，无悔。

六五以柔居陽位，並不當位。但是位於上坤的中爻，能夠「中以自考」，也就是以合理為標準來考核自己，督促自己改過向善。「敦」為敦厚，「復」是回復。六五能虛心自省，改正過往的過失，充分展現出敦厚的修養與向善的心態，所以无悔。六二「休復」，六五「敦復」，兩爻看起來並不相應，實際上情況相同，也可算是另一種相應。

虛心自省，認真改過，自然无悔

六、違反陽復漸長必有凶禍

自然原本具有自我修復的能力，草被牛、羊吃光了，來年春天，又會再度生長。水向東流，似乎快流乾了，但冬季積雪，到了夏季消融，水又會再度源源不斷。人類有生必有死，然而子孫繁衍，一樣可以生生不息。這種天地之心，應該是自然的循環往復。倘若過分加以人為的造作，且由於人類的習性，很難適可而止，往往過分求復，反而為復所迷。執迷於復，難免誤用而招致凶禍。所以復卦（䷗）上六爻辭：「迷復，凶，有災眚。用行師，終有大敗，以其國君凶，至于十年不克征。」小象說：「迷復之凶，反君道也。」

「迷復」的意思，便是迷於復道。任何事情，都應該適可而止，才合乎中道。一旦著迷，就難免過分。自然的復，不至於過分。但是人為的操作，常常很難拿捏合理的尺度。上六位居全卦的末端，又與六三不相應，象徵「迷於復」。也就是在回復的時候，誤入迷途而不知返，造成「迷復」的凶禍。「迷復」還有另一種含意，是上六離開初九太遠，竟然不知道初九的一陽來復，而且已經復到六五。上六不明白情勢的變化，也是「迷復」。「眚」是人禍，「災」為天災。不論哪一種「迷復」，都可能造成天災人禍的凶禍。在迷復的情況下，還要行師征伐，終久遭到大敗。如果是一國之君，採取這樣的態度，必然會有亡國殺身的凶險。「十」是雙手合十的極數，「十年」形容很久很久的期間。「不克征」是恢復不了國力，沒有辦法回復征前的實力，再也無法征討他人。「迷復」的凶禍，違反了身為領導者所必須遵循的自然規律，以及應當躬身實踐的道理。

復 ䷗ 24

上六迷復，凶，有災眚。用行師，終有大敗，以其國君凶，至于十年不克征。

上六居全卦末端，有物極必反的可能性。一是上六和初九相距頗遠，不知道一陽來復的勢力已經擴展到六五，竟然還執迷不悟，不知及時回復正道；一是上九與六三不相應，對人力加速回復的功能過分入迷，以致誤用復道。這兩種「迷復」的結果，都會招來天災、人禍的凶險。倘若國君「迷復」，還要行師征伐。終必大敗，而且永遠不能恢復大敗前的實力，更無法回復正道。

違反陽剛漸復的趨勢，必招凶險

我們的建議

1 天地之道，不斷反復。復的目的在求反本，也就是回復天理。動植礦物，都不致違反天理，只有人類具有創造性和自主性，不論有意無意，經常傷天害理。自然的回復，當然是正道。人為的回復，卻往往適得其反，值得警惕。

2 復既然是天地之心，當然也是人類的良心。只要憑良心自省、憑良心自覺、憑良心自律，即使想到人定勝天，也壞不到哪裡去。復道以天理良心為主，萬萬不能偏失。

3 復的主要精神，在檢討自己的過失，磨練自己的本事。當重新出發時，能夠做得更為妥當。古今中外多少偉大人物，都是在艱難中自我激勵，從失敗中記取教訓。憑良心遵循復道，因而能在驚濤駭浪的困境中脫穎而出。

4 天地的復，表現在冬盡春回。人心的復，必然是亂極求治。復卦依據自然規律，發揚天地之心。人類向自然學習，最好用心修己。早日使良心復現，大家就有福了。

5 自古以來，無不可振作的人心，也無不可扭轉的危難。我們若能仔細研究復卦，尋求天下歸仁的正道，由自己做起，不去計較別人是否同等做到，即能「中行而獨復」。

6 剝卦（䷖）上九「碩果不食」，即為復卦（䷗）初九「不遠復」的根基。只要果仁入地，就有萌芽的機會。剝復循環，是自然的規律。我們最好把剝、復兩卦合起來看，不要分開來想，更為周全。

《第六章》

如何看待
剝復這兩卦？

「剝」的原因錯綜複雜，變化多端，
打擊、破壞、擾亂，無所不用其極。

「復」的時機，隨時都可能出現，
恢復、修復、復原、復興，全都是復。

「剝」指小人剝削君子，手段兇狠至極，
「復」為君子影響小人，態度和諧包容。

《易經》扶陽抑陰，旨在加重君子的責任，
不幸卻演變為重男輕女，實在是很大的誤解。

「剝」與「復」原本是自然的現象，
生命中的新陳代謝，每天都在進行中。

這兩種相輔相成的力量，
生活中處處可見、時時出現。

一．易經扶陽抑陰有其深意

剝卦（䷖）五陰居下，一陽居上，陰長陽消為剝；復卦（䷗）五陰居上，一陽居下，陽長陰消為復。「剝」是小人剝削君子，「復」為君子影響小人。君子、小人互相剝復，為什麼小人剝削君子為剝，而君子影響小人便為復呢？這是《易經》重君子輕小人的表示，也就是我們常說的「扶陽抑陰」。

復卦（䷗）不用五陽在下，一陰在上，象徵大家不願意陽長而衰，陰消卻能復。倘若小人真的把君子都打倒了，必然露出猙獰恐怖的面目，令人心寒膽顫，十分懼怕。《易經》扶陽抑陰的用意，在於增強君子的責任。影響所及，中華文化只重視責任，並不講求權利、義務。

任何人一旦有了權利、義務的念頭，大多會重權利而輕義務。希望享有的權利愈多愈好，分配到的義務愈少愈好。這種不憑良心的表現，使得原本是君子的，也愈來愈像小人。實際上君子與小人的區分，即在君子憑良心而小人則否。《易經》加強君子的責任感，使君子在權利與義務的取捨之間，能夠憑良心、立公心。復卦的爻辭大多溫文爾雅，不像剝卦爻辭般絕情凶狠。君子得勢為復，大家才安心；小人得勢為剝，大家才不敢掉以輕心。扶陽抑陰，主要是為大眾的福祉著想。不料後人不加詳察，竟然扭曲為重男輕女。若是依循《易經》原意，解釋為增強男性的責任，尚且可以接受。不幸扯上天尊地卑的觀念，造成重男輕女的不正常心態。導致男女多方面的不平等，實在是一種天大的謬誤。換言之，增強責任是正確的，但擴大兩性之間的不平等，則有待早日回復。

《易經》扶陽抑陰

陽長陰消為「復」　　陰長陽消為「剝」

用意在增強君子的責任

不幸造成「重男輕女」的謬誤

天尊地卑 凸顯掌舵者 必須掌握正確方向	扶陽抑陰 增強掌舵者的責任 不應該把方向錯誤推給配合的追隨者

重男輕女

只能用於增強男性的責任感

強調一家之長，要負起家長的責任

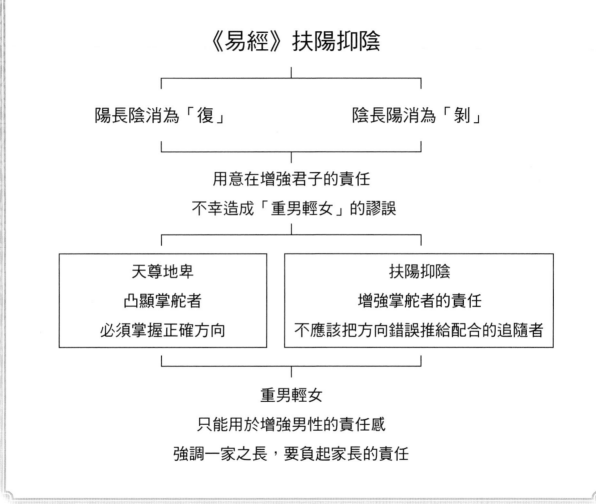

二、剝卦窮上反下繼之以復

〈序卦傳〉說：「剝者，剝也；物不可以終盡，剝窮上反下，故受之以復。」剝卦（䷖）的前一卦為賁卦（䷕）。「賁」的用意，原本是修飾。由於人類的欲望無窮，很難掌握合理的度，以致修飾得太過分。發展到了極致，不得不歸於窮盡，因此呈現出「剝」象。陰盛陽衰，天道將窮。使人類文明，進入黑暗時代，不進反退。但是天道畢竟循環不息，所以事物不可能永遠剝落下去。當剝落到無可再剝之際，又將復反於初，而生機重現。所以剝卦之後，緊接著便是復卦。剝極必復，帶給我們無窮的生機和希望。

人類發明文字、語言，做為說明、交流、協調的工具，同時具有文飾的作用。賁卦（䷕）的象辭，特別提示「文明以止」的重要性，啟示大家：文字、語言，畢竟有其局限性。使用的時候，必須止於禮義，力求妥當、合理。但是人類為了討好他人、文飾過錯，經常逾越禮義的尺度。濫用文字、語言，反而製造出溝通的障礙、增加協調的困難。巧言令色，使人望而生畏。不負責任的廣告，令人迷惘而不敢相信。老實人吃虧上當，詐騙集團利用能言善道而為非作歹。社會秩序混亂，人心充滿黑暗，人與人之間的信任感喪失殆盡，人性的光明受到很大的質疑。處於剝卦的社會中，更需要發揚反剝為復的精神。以復卦的一陽始生，來引發人性原有的善念。重新把潛在的智慧光明發揮出來，消弭大家用知識騙來騙去的烏煙瘴氣。

《易經》將復卦安排在剝卦之後，帶給我們莫大的希望，也喚醒所有以君子自居的人士：責任，責任，現在是每個人克盡責任的時候，不容再有所遲疑了！

賁ㄅㄧˋ 22

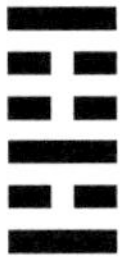

文明發展，
有助於和諧生活。
但是過度發展，
不能適可而止，
勢必歸於窮盡。
陰盛陽衰，
天道將窮。
人類即將進入黑暗時期，
不進反退。

剝 23

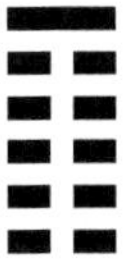

黑暗時期的特性是：
君子道窮，小人得勢。
倘若君子逞一時之勇，
與小人硬碰硬，
君子只有被消滅的可能性，
很難與小人對抗。
我們最好研習剝極而復的道理，
講求處剝之道，
以期早日回復光明。

復 24

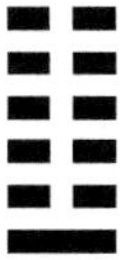

復的契機在於：
君子道長而小人道消。
有如旭日東升，
愈是前進，愈得光明。
君子不對小人施行報復，
而是把重點放在
健全自身的德業。
克己復禮，
以求天下歸仁。

二、陰陽消長本是自然現象

陽氣盛則草木欣榮，陰氣盛則草木枯落。這種自然現象，每年都會重複出現。一年四季當中，春季草木欣榮，冬季草木枯落，由冬入春，呈現出剝極而復的景象。

一天之中，白晝陽氣最盛。人們精神興旺，效率較高。到了夜晚，陰氣漸盛，人們覺得疲乏。精神萎靡不振，提不起勁。然而只要經過一夜好眠，第二天隨著陽氣興盛，又是一個適合勤奮工作的好日子。人體的反應與情緒的起伏，大多和陽氣、陰氣的消長變化，有著密切的配合關係。

然而人事的互動，並不像自然那樣有規律。人心的變化，也顯得難以捉摸，沒有一定的軌跡。君子與小人的角力隨時存在，並不像自然現象般有固定的規律可循。

中華歷史，一治一亂，其中也隱含著規律性。只是每一次的治與亂，情況都不盡相同。並且治少亂多，令人感嘆。我們常把治少亂多的責任推卸給小人，殊不知小人當道、君子受到委屈，必然是君子暴露出了某些弱點，才給了小人滋長的機會，使小人能趁機興起。治少亂多，固然是小人為非作歹，但君子也應該負起很大的責任。若是一味將責任推給小人，並非君子應有的風度。復卦（䷗）的爻辭，主要在「復禮」，而不在「復仇」，便是君子與小人不一樣的表現。

一治一亂，倘若是自然現象，君子就不需要氣急敗壞，也不必怨天尤人；但如果是人為的缺失，那麼君子更應該深切反省，有哪些地方做得不對或顧慮不周？及早改善、以資預防，才是防剝的有效法則。

自然的陰陽消長，循環往復，
大家要以欣賞的心情，力求適應

君子得勢則國家興盛

小人當道則國家衰亡

中華歷史治少亂多，我們一向把責任推給小人

治是君子的功勞

亂是小人的罪行

這種不正當的觀念，是君子不負責任的表現，
君子必須修身積德，從心裡頭認定：

治是大家的福氣

亂是君子未盡責任

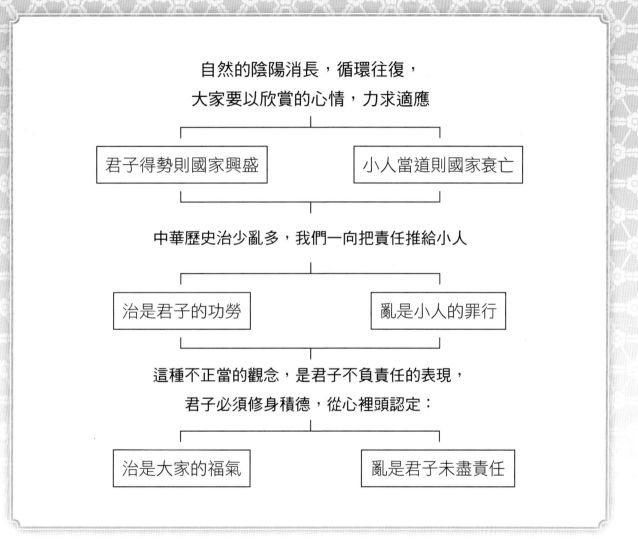

四、剝中有剝必須防止內亂

剝卦（䷖）的中爻，由六二、六三、六四、六五四個陰爻構成。六二、六三、六四和六三、六四、六五這兩個坤卦（☷），與上艮（☶）下坤（☷）配合，變成四個互卦。也就是兩個剝卦（六二、六三、六四、六四、六五、上九與六三、六四、六五、上九）和兩個坤卦（初六、六二、六三、六二、六三、六四與初六、六二、六三、六三、六四、六五）。由艮上和坤下合成的剝卦，象徵外來的剝削。對君子而言，小人當然是外來的惡勢力。互卦中的兩個剝卦，則是君子陣營中，可能產生內部互相剝削的警示。君子得勢時，往往由於得意忘形，或者利益分配不均，導致分裂的情況，給予小人可趁之機。幸好有兩個坤卦（䷁），表示在遭受內外各種壓制、剝削時，最好能遵循坤卦柔順的精神，順應時勢，實踐厚德載物的正道，以求化解剝的難題。君子往往理直氣壯，認為小人不應該如此窮兇惡極，實際上如此窮兇惡極，才是小人本色。倘若小人和君子一樣修養良好，那麼《易經》又憑什麼扶陽抑陰呢？

有趣的是，剝卦（䷖）中爻的那四個互卦。兩個剝卦在上、兩個坤卦在下，合起來看，呈現出兩個剝卦的大象，也就是兩個大剝。可見剝是小人得志的時候，對君子而言，實在是處處皆剝。必須善自隱避，以求遠禍。所以剝的卦辭曰：「不利有攸往」，小人對君子的態度，常常是君子難以想像的。因為小人剝削君子的心態，比起君子除惡的決心要強烈得多。我們常說「以小人之心度君子之腹」，可見兩者的想法，有段相當長的距離，這是君子不可不加以防備的。

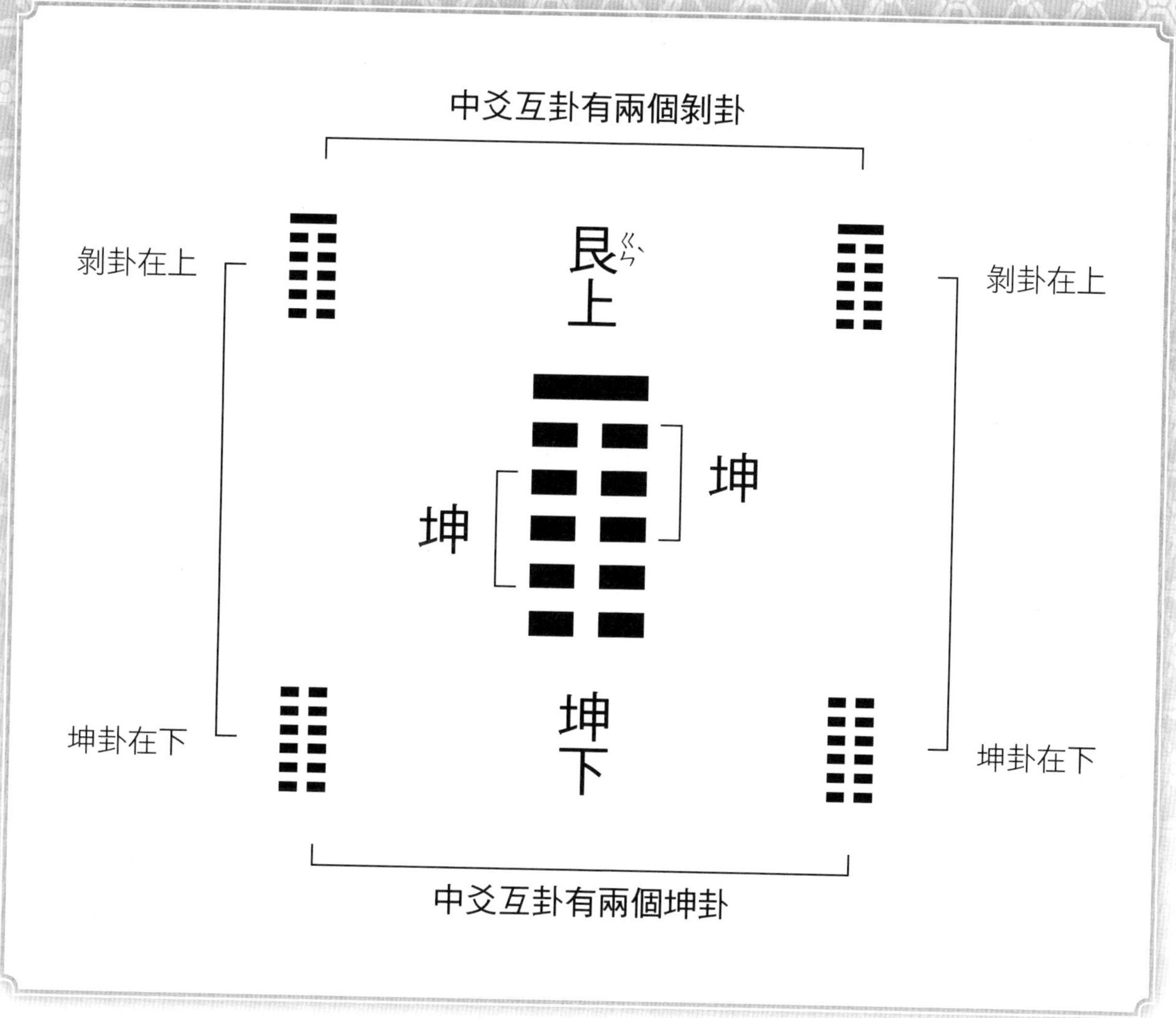
中爻互卦有兩個剝卦
剝卦在上
艮ㄍㄣˋ
上
剝卦在上
坤
坤
剝卦在下
坤
下
坤卦在下
中爻互卦有兩個坤卦

五．復中有復防範小人進入

復卦（䷗）的中爻，由六二、六三、六四、六五四個陰爻所構成。六二、六三、六四組成一個坤卦（☷）；六三、六四、六五則是另一個坤卦（☷）。這兩個坤卦分別和復卦的震下（☳）、坤上（☷）相組合，形成兩個坤卦（䷁）與兩個復卦（䷗）。並且都呈現出坤卦在上、復卦在下的大復（䷁䷗）之象。

復卦中爻和互卦的含義，啟示我們在復興、回復的時候，必須提防小人的入侵，以免受其搗亂與挑釁。一陰一陽之謂道，告訴我們有君子就有小人。即使君子嫉惡如仇，也不能將小人趕盡殺絕。不如採取坤卦柔順的態度，發揮忠厚、仁愛、和平的精神，遵循孟子「行有不得者，皆反求諸己」的原則，以求貫徹孔子「克己復禮，天下歸仁焉」的理想，使小人之道無從發展，而逐漸自行調整。

一切事物都有反復循環的演化過程，這是自然現象。震下一陽來復，可以視為一切事物的原動力。所有新生、新進、反復、再生、恢復、復興的活動，無不依賴這「一陽來復」的力量。當我們明白「剝極而復」的道理時，最好能夠時時重視「復」的時機和力量，逐漸將「剝極而復」提升為「避剝趨復」。也就是不要等待剝極的慘境出現，受盡千辛萬苦之後才開始回復。而是要時時提高警覺，使剝的勢力降到最低，使復的力量得以提升。大家都有「避剝趨復」的高度警覺性，滙集起來，自然能夠「超越剝復」。也就是掌握盈虛、消長、剝復的變化之道，而守之以常。透過知機應變，抱持「盡人事以聽天命」的心態，就能以平常心對待剝復的變化。

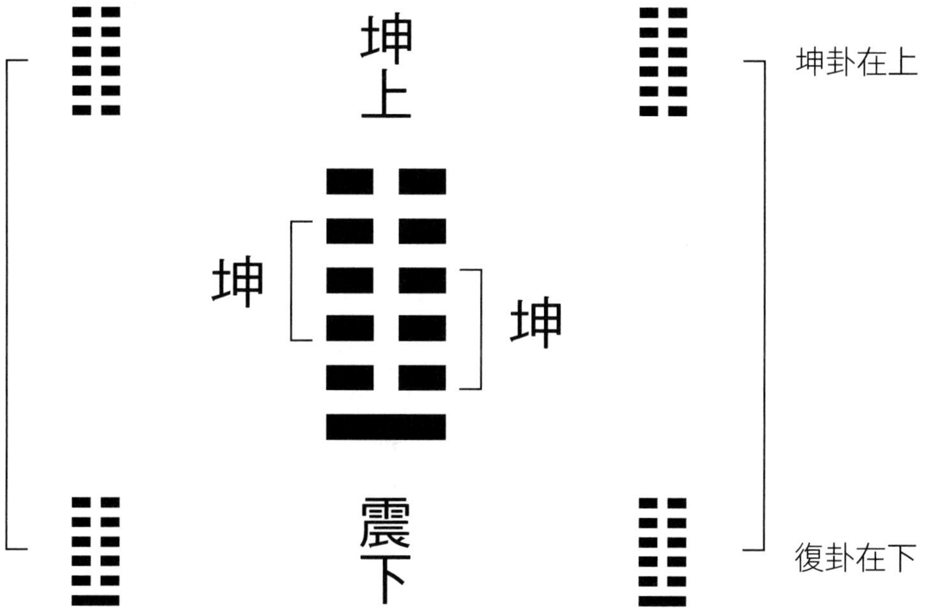
坤上
坤
坤
震下
坤卦在上
復卦在下

六．明白剝復之道知機應變

剝象（䷖）最早出現在遠古時代，人類的穴居生活當中。只要山洞頂上的那一陽爻挺得住，大家便可以安心地在洞中享受夏涼冬暖的生活。後來採用木、石做為建材，門的結構、拱門以及涵洞的設計，也都取諸剝象。現代的隧道、地下通道，也都是剝象的應用。「剝」出來的土石、木材，若能加以適當的利用，便能收到「復」的功能。所以「剝」和「復」可說是同時出現，也同時進行。好比離心力和向心力一樣，是無法分開的。

每一個時代，君子和小人互為消長的情況，都大同小異。有陰就有陽，有君子必然有小人。若依自然現象來看，根本就沒有君子和小人的差異，不過是互剝、互復的過程而已。人類倘若缺乏倫理意識，就會產生「適者生存」的念頭，以致不擇手段地競爭，並有成王敗寇的心態。所幸有了倫理觀念之後，才明白《易經》扶陽抑陰的美意，使人們有善惡的區別。君子以正當方式求適者生存，稱為「復」；小人不擇手段獲取勝利，叫做「剝」。同樣是知機應變，君子只能嚴守正道地隨機應變，小人卻經常離經叛道地投機取巧。我們只有面對君子道長時，才能心悅誠服地肯定「成者為王，敗者為寇」的事實；一旦小人得志時，我們內心則應抱持「不以成敗論英雄」的觀點。表面上「和」，內心堅持「不同」，這也是「一陰一陽之謂道」的良好應用。

人生在世，若能堅持提高警覺、隨時做出合理應變、不因追求私利而投機取巧，便算掌握了剝復之道的要領。憑良心、立公心、不見利忘義，這些都是君子的基本素養。唯有提升倫理意識，人類的剝復之道，才能光明正大地合理進行。

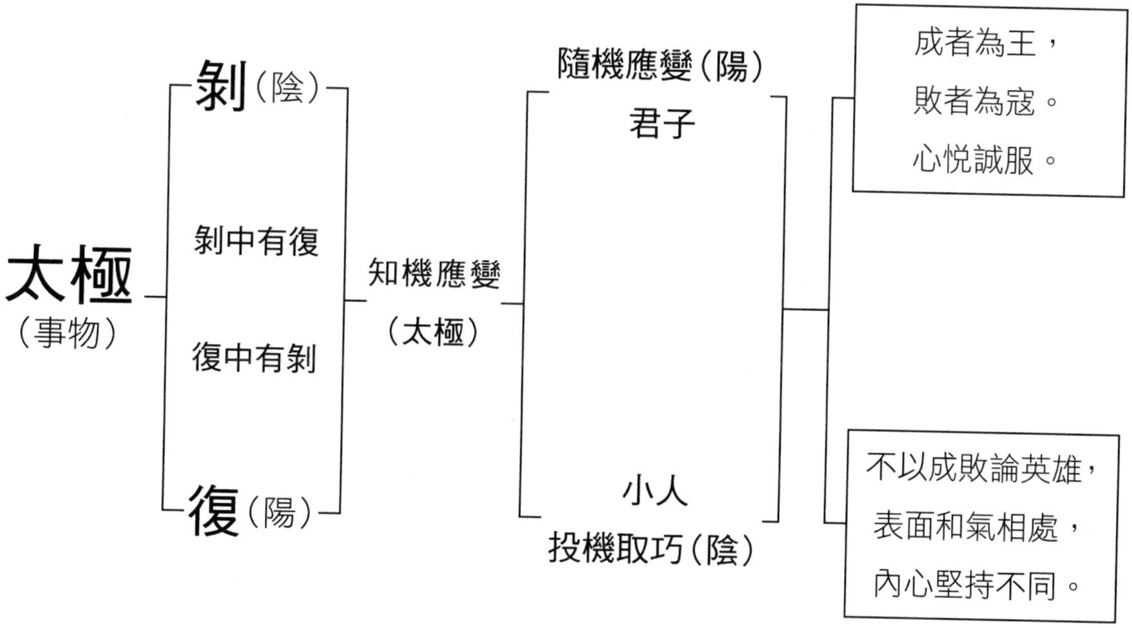
太極
（事物）
剝（陰）
剝中有復
復中有剝
復（陽）
知機應變
（太極）
隨機應變（陽）
君子
小人
投機取巧（陰）
成者為王，
敗者為寇。
心悅誠服。
不以成敗論英雄，
表面和氣相處，
內心堅持不同。

我們的建議

1 「復」表示重新開始、重來一次。有了「剝」的經驗後，「復」時就會更加小心謹慎，也更有新的創意。我們比較認同創意，因為它是憑良心、有原則，也就是有所不為的創新。

2 「剝」是分裂、分割，使整體愈來愈支離破碎。有了「復」的經驗，「剝」時才知道什麼應該剝？什麼最好不要剝？剝得合理，其實就是另一種形態的復。「剝」若是離心力，「復」便是向心力。兩者缺一不可，有互補作用，不應當單獨偏好哪一種。

3 剝卦下坤為順，上艮為止，象徵遇順當止。任何事物處於順境時，切記應適可而止，以免得意忘形、為所欲為，招致外力制止，反而造成不安的後果。

4 復卦下震為動，上坤為順，表示基層有復的意念和行動，才能順利地回復。但是動得順利時，更應該提高警覺，以免重蹈覆轍，再度陷入剝的困境之中。凡事有復就有剝，不可能不剝。但要力求剝得合理，將禍害減到最低，或延緩剝落的時間。

5 一年有二十四個節氣，象徵陰陽的消長，形成一年四季不同的氣溫。漢朝孟喜由六十四卦中，選取十二卦，配合一年十二月令，稱為「十二月卦」，又稱為「十二消息卦」。

6 為了深一層明瞭陰陽消長的變化，以期更能掌握剝復的道理，我們最好花一些心力，把「十二消息卦」做一番探討，如此便能對陰陽升降的變化和循環不已的易道，有更深一層的認識。

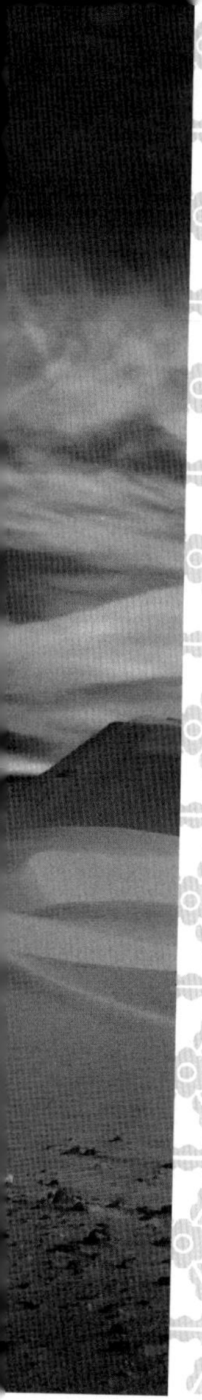

《第七章》

什麼叫做
十二消息卦？

十二消息卦，又名十二辟卦，
配合十二個月的氣象，說明陰陽升降的循環。

九月五陰剝一陽，即為剝卦。
十月純陰為坤，象徵乾陽已盡。

十一月一陽來復，即將由陰轉陽。
十二月兩陽光臨，正月三陽開泰。

二月陽氣大壯，三月五陽逼夬ㄍㄨㄞˋ。
四月純陽為乾，五月一陰來始。

六月陰進陽遯ㄉㄨㄣˋ，七月天地否塞。
八月適合觀光，九月五陰又將剝陽。

剝必反復，而且否極泰來，
窮上反下，變而通之，以盡其利。

一、剝卦象徵由乾轉變為坤

乾卦（䷀）六爻皆陽，稱為純陽卦。夏至這一天，白晝最長，象徵陽氣發展到極盛。由於陽極生陰，接下來微陰初起，與陽相遇而成姤卦（䷫）。「姤」的意思是陰陽相遇，也是陰剝陽的開始。由於易氣由下生，剝和復的變化，大多由下向上發展。所以乾卦（䷀）初九，被陰爻所取代，初九變初六，就成為姤卦（䷫）。倘若由初六的「剝牀以足」，發展到六二的「剝牀以辨」，便形成遯卦（䷠）。「遯」表示退避，陰長到初、二兩位，四陽在上應當退避，成為陰進陽退的狀態。陰長到三爻的位置，變成否卦（䷋）。天地不交、萬物不通，呈現小人道長、君子道消的不利情況。天地閉塞，無法產生化育萬物的功能。人與人之間，也互不信任，彼此猜忌、指責、各執己見而難以溝通。繼續陰長陽消，就成為觀卦（䷓）。陽爻只剩下九五和上九，已將窮盡了。道有興廢、人有行藏、教有盛衰、物有隆替，新陳代謝，循環往復，到觀卦已經看得清清楚楚、明明白白。中華兒女普遍信天，便是當人道、地道已經很不穩固，人心也惶恐不安時，只好祈求上天保佑。期待天道仍然光明，帶給大家一些希望。再下去，五陰剝一陽，剝卦（䷖）就出現了。等到頂上那一陽也支撐不住，五爻全由陽變陰，原本的乾卦，就變成純陰的坤卦（䷁）了。由乾轉坤，是一點一滴完成的，並不是突然變成的。坤卦初六爻辭：「履霜堅冰至。」早已提醒大家：陰始凝的姤象已經出現，大家千萬不要掉以輕心，因為剝的力量來到，開始發生作用，必須謹慎應變。

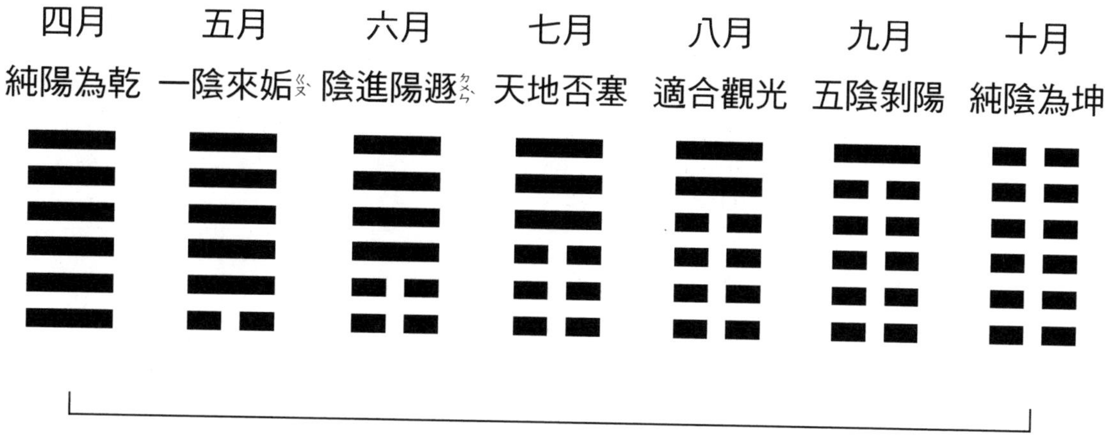

由純陽的乾逐漸轉化為純陰的坤

↓

陽消陰長

：

陽氣逐漸消減，陰氣逐漸增長

二、復卦象徵由坤轉變為乾

坤卦（䷁）六爻皆陰，稱為純陰卦。冬至這一天，剛好和夏至相反，白天短而夜晚長，象徵陰氣發展到極盛。由於陰極生陽，接下來微陽初起，成為「一陽來復」的復卦（䷗）。復的初九，並不僅限於一陽，而是進展到乾卦，剛剛開步走而已！復的力量到了第二爻，就成為臨卦（䷒）。臨的用意，在於親臨現場、確實監督。一方面可以化解問題，一方面也能夠發掘真正的人才，以資培養。這樣發展下去，自然造成泰卦（䷊）的自由自在與無憂無慮。倘若能夠持盈保泰，必然進入大壯卦（䷡）的盛大無比。在人的一生中，壯年應該是最為成熟的時候。孔子主張「三十而立，四十而不惑，五十而知天命」，大致都在壯年時期必須完成，才有比較好的晚年。再向上邁進，便是五陽決一陰的夬（ㄍㄨㄞˋ）卦（䷪），此時回復到乾卦（䷀），似乎是勢所必然、理所當然的演化。最後六陽到齊，成為純陽的乾卦。這種由坤到乾，再由乾到坤的轉變，不過是自然的陰陽消長。倘若以平常心看待，應該是「窮則變，變則通，通則久」的一種現象，符合〈繫辭下傳〉所說的：「黃帝、堯、舜取象於乾、坤兩卦，垂衣裳而天下治」，正是「自天佑之，吉无不利」的境界了。

我們既然明白剝、復的變化，就應該增強自己的責任意識，以「自作自受」來自我勉勵。遭遇到挫折或失敗時，不應該以「時運不佳」、「菩薩不靈」、「老天不公平」、「祖上未積德」來推卸自己的責任。就算口頭上這樣說，也只能做為情緒上的紓解，心裡頭千萬不要當真才好。

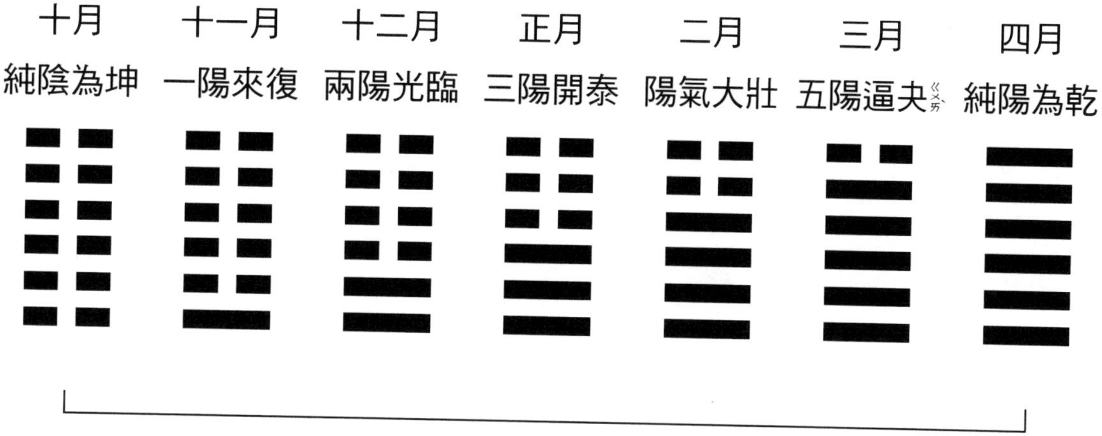

由純陰的坤逐漸轉化為純陽的乾

↓

陰消陽長

:

陽氣逐漸增長，陰氣逐漸消減

三、一年四季有二十四節氣

春秋時期，人們透過長期的觀察和精密的計算，已經定出春分、夏至、秋分、冬至四大季氣。並且根據每年冬至時刻的測定，推算出一年實際上有三百六十五又四分之一日。到了西漢時期，增加到每月兩個節氣。一年十二個月，總共二十四個節氣，分別為正月立春、雨水；二月驚蟄、春分；三月清明、穀雨；四月立夏、小滿；五月芒種、夏至；六月小暑、大暑；七月立秋、處暑；八月白露、秋分；九月寒露、霜降；十月立冬、小雪；十一月大雪、冬至；以及十二月小寒、大寒。十二個月配合十二辟卦，也就是消息卦。以乾盈為息，坤虛為消，實際上即為乾、坤兩卦，合起來十二爻的變化。冬至一陽初生，表示從冬至初起一陽，其餘五爻為陰，形成復卦（䷗）。大寒起二陽，在初陽、二陽之外，其餘四爻皆陰，便是臨卦（䷒）。然後雨水泰卦（䷊）、春分大壯（䷡）、穀雨夬（ㄍㄨㄞˋ）卦（䷪）、小滿乾卦（䷀）。夏至微陰初起，與陽相遇，成為姤（ㄍㄡˋ）卦（䷫）。接著大暑遯（ㄉㄨㄣˋ）卦（䷠）、處暑否卦（䷋）、秋分觀卦（䷓）、霜降剝卦（䷖）、小雪坤卦（䷁）。再周而復始，來到冬至一陽生的復卦（䷗）。立春表示春季開始，配合泰卦。立夏夏季開始，為乾卦。秋季從立秋開始，即否卦。冬季由立冬開始，為坤卦。〈繫辭上傳〉說：「易與天地準，故能彌綸天地之道。」《易經》的道理，和天地的自然律相等，所以能夠普遍地涵括天地間一切的道理。中華民族在氣候的測定方面，自周公開始，便配合易理，以象數為依據，精準地推測出節氣變化的道理。

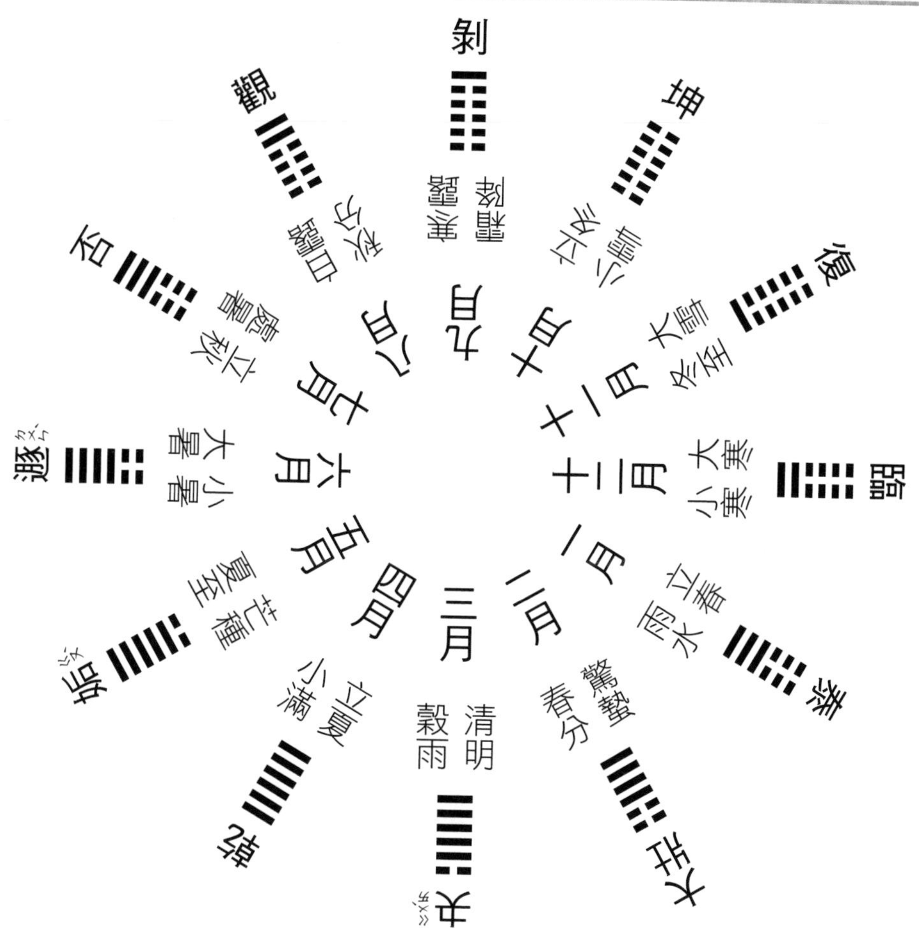

十二消息卦配合二十四節氣

四、氣的變化通常有週期性

現代重視資訊，包括資料和訊息。尤其是經過電腦運算處理後，對使用者有用或容易理解的，更是普受歡迎。訊息其實就是消息，也就是我們常說的音信。「消」指減損，「息」為增長。有盛有衰，有生有滅，也有消有長，合乎「一陰一陽之謂道」。陰生陽，陽生陰，陽生叫做「息」，陰生稱為「消」。因為《易經》扶陽抑陰，以陽為主，所以陰生便消陽，才稱為「消」。消息的變化，由氣開始。所以老子說：「道生一（氣）、一生二（陰陽）、二生三（物質）、三生萬物。」由於陰陽二氣的互相消長，才產生有無、動靜、虛實、剛柔、強弱、沖盈、奇正、禍福、善妖、美惡、雌雄、牝牡的相對現象。氣的變化有週期性，循環往復，所以歷史會不斷地重複。最簡單的週期例如：晨昏朝夕的晝明夜暗、春夏秋冬的寒暑往來、經濟活動的繁榮蕭條、文化發展的光明黑暗，都是不斷地交相替換、推演變化，這樣的發展再自然不過。

星象學家，指出一切世事的變化，都受到行星週期的影響。由於我們所居住的這個銀河系中，太陽是一切生命的起源和支持力量。太陽為恆星，地球和眾星球拱衛其外，不斷地重複運行，產生宇宙週期，對人世間產生影響，豈非天人合一的明證？事物循環秩序的研究，已經成為一門科學。短週期以數十天至一、二年為度；長週期以十多年至一、二百年為度。還有感應週期，尤其以月球與地球繞日的感應，對人事影響十分深遠。但是，所有定數都是活的，有若干彈性，也受到人類道德感應的影響，這一方面的變化，實在非常有趣。

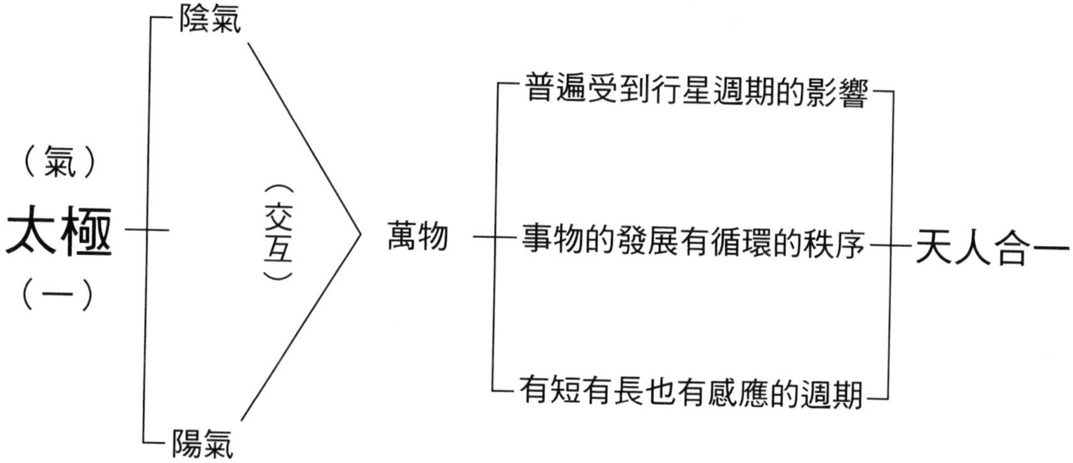

（一生二）→（二生三）→（三生萬物）＝陰陽二氣互為消長的過程

五、六十四卦都來自消息卦

十二消息卦除了配合一年十二個月之外，《易經》六十四卦的其餘各卦，也都可以看成來自於這十二個卦。包括：一陽五陰的卦，來自復卦（䷗），計有師卦（䷆）、謙卦（䷎）、比卦（䷇）、剝卦（䷖）、豫卦（䷏）等六個；二陽四陰的卦，來自臨卦（䷒），共有升卦（䷭）、小過卦（䷽）、萃卦（䷬）、觀卦（䷓）、明夷卦（䷣）、震卦（䷲）、屯卦（䷂）、頤卦（䷚）、解卦（䷧）、坎卦（䷜）、蒙卦（䷃）、蹇卦（䷦）、艮卦（䷳）、晉卦（䷢）等十五個；三陰三陽的卦，來自泰卦（䷊），計有否卦（䷋）、歸妹卦（䷵）、節卦（䷻）、損卦（䷨）、豐卦（䷶）、既濟卦（䷾）、未濟卦（䷿）、賁卦（䷕）、井卦（䷯）、蠱卦（䷑）、恆卦（䷟）、渙卦（䷺）、漸卦（䷴）、益卦（䷩）、旅卦（䷷）、噬嗑卦（䷔）、隨卦（䷐）、咸卦（䷞）、困卦（䷮）等二十個；四陽二陰的卦，來自大壯卦（䷡），共有需卦（䷄）、大畜卦（䷙）、兌卦（䷹）、中孚卦（䷼）、革卦（䷰）、無妄卦（䷘）、遯卦（䷠）、訟卦（䷅）、巽卦（䷸）、家人卦（䷤）、鼎卦（䷱）、離卦（䷝）、睽卦（䷥）、大過卦（䷛）等十五個；五陽一陰的卦，來自夬卦（䷪），計有大有卦（䷍）、小畜卦（䷈）、履卦（䷉）、同人卦（䷌）、姤卦（䷫）等六個；六陽的卦，只有乾卦（䷀）；六陰的卦，也只有坤卦（䷁）。上述所有卦，加總起來，正好六十四卦。由乾、復、臨、泰、大壯、夬到坤的一、六、十五、二十、十五、六、一，構成一個常態分配（∧）的圖形（註：請參考左頁）；反過來由坤、剝、觀、否、遯、姤到乾，同樣呈現常態分配的比例，值得我們深思。

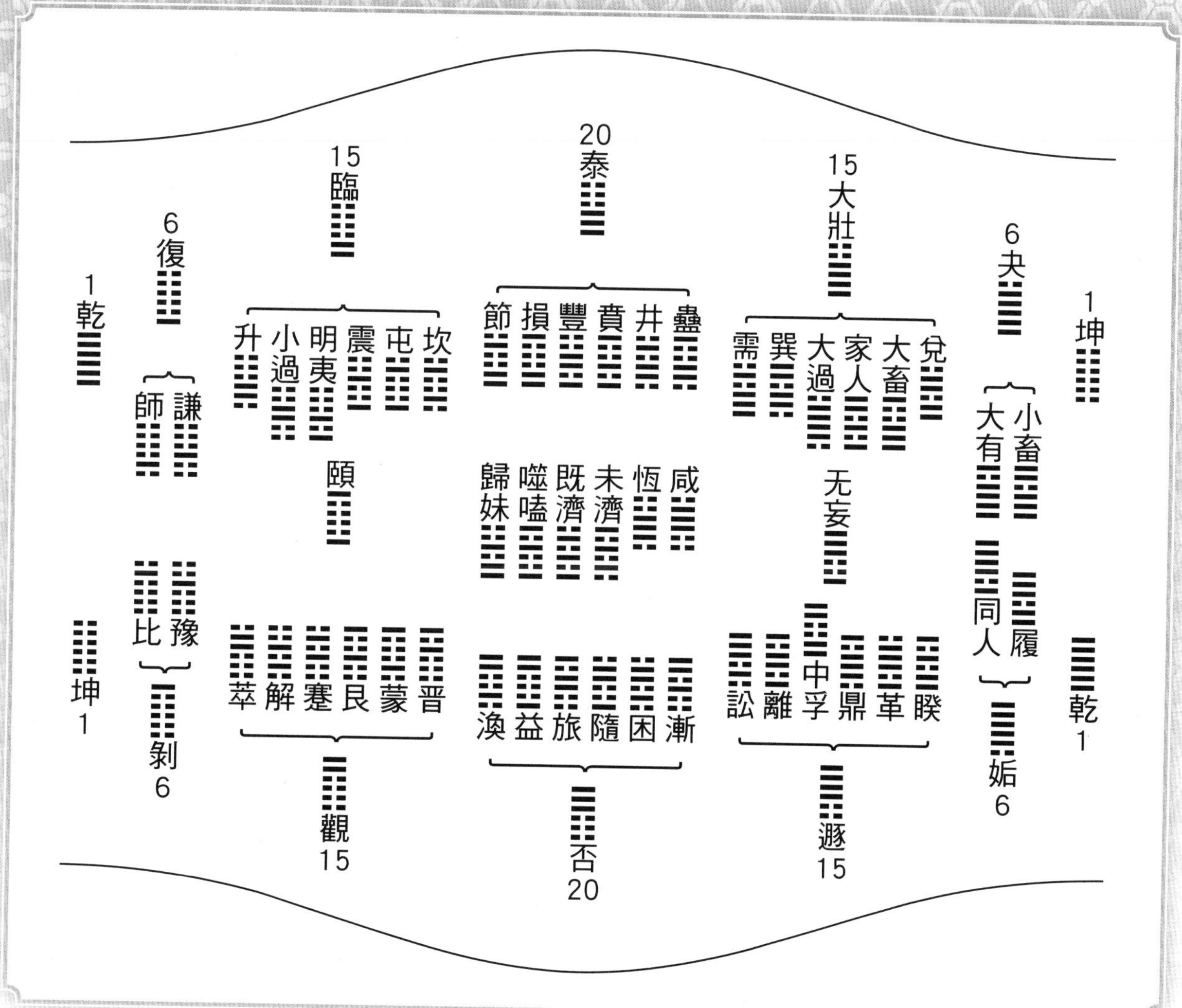
1 乾
6 復
師 謙
15 臨
升 小過 明夷 震 屯 坎
頤
20 泰
節 損 豐 賁 井 蠱
歸妹 噬嗑 既濟 未濟 恆 咸
15 大壯
需 巽 大過 家人 大畜 兌
无妄
6 夬
小畜 大有
1 坤
比 豫
坤 1
剝 6
萃 解 蹇 艮 蒙 晉
觀 15
渙 益 旅 隨 困 漸
否 20
訟 離 中孚 鼎 革 睽
遯 15
同人 履
姤 6
乾 1

六、河清海晏尚待人類自救

《西遊記》第四十四回：「雨順風調，願祝天尊無量法；河清海晏，祈求萬歲有餘年。」河清海晏，譬喻太平盛世的美好景象，為大眾共同的期望。六十四卦以三陰三陽（亦即三陽三陰）的卦為多數，約佔總數的三分之一。提醒我們即使陰陽平衡，日子也不一定就很好過，仍然會有很多問題亟待化解。人生在世，諸多艱難險阻，看起來充滿苦難、好事多磨，但是深一層想，很容易察覺種種逆境，用意都在提升人的實力、堅強人的心志，使我們更能夠擔負起「參天地之化育」的責任。

老天爺精心安排各種艱難險阻，一方面在提示種種警訊，讓我們提高警覺，特別謹慎小心，培養見機行事、隨機應變，並且力求合理的本事；一方面則是提供實際環境，使人類能夠即知即行，從實踐中印證各人所學到、悟到的道理，進而知所調整。倘若乾、坤以外的六十四卦，代表著自然現象或人事情態，那麼乾、坤兩卦便是人類。男性為乾，女性為坤，如何做出合理的乾坤配合，應該是其它各卦期待的佳音。地球不會自我毀滅，想不到人類卻在毀滅地球。原因即在於人類濫用了創造力和自主性，弄得氣候異常、海水高漲、環境污染、物種瀕臨滅絕，人類也為此苦惱不堪。為今之計，只有早日依據易理，調整人類的方向。使我們的行為舉措，能夠符合自然的要求。向自然學習、以自然為師，用自然做為衡量事物的標準，透過人類自救來拯救宇宙。

地球原本擁有自我修復的能力，
自然律促使萬物亂中有序地互動。
為了提高人類對地球的參贊責任，
上天特別賦予人類創造力和自主性。

↓

可惜人類濫用這種可貴的天賦，竟然破壞了自然，
主要是過分強調人定勝天，卻忽視了天人合一的精神。

↓

人定勝天，固然十分重要；天定勝人，也非常顯而易見。
一陰一陽之謂道，人定勝天和天定勝人必須兼顧並重。

↓

為今之計，只有從人類自救做起，以求拯救地球。
憑良心，追求順乎自然，而不是聽其自然。

我們的建議

1 宇宙萬象，原本遵循自然律而行。元亨利貞，自然循環往復而生生不息。我們若是從十二消息卦、二十四節氣，以及一年四季的氣候演變，配合得十分密切的層面來觀察，就應該可以明白晚近以來氣候異常的原因，實際上與人類的行為密切相關。

2 我們常說「人定勝天」，意謂人類已經有能力改變自然環境，為什麼忽然又提出「各種天災接踵而來，是大自然的反撲」這種言論？似乎是想把責任推給老天爺，請問這樣公平嗎？為什麼不願意承認當前有很多天災，實際上都是人類所一手造成的？

3 自然原有的自我修復能力，遭到人力的破壞，只好改採其它補救方式。然而這樣的改變，又引起人類恐慌。由於難以適應而叫苦連天，甚至互相恐嚇。

4 十二消息卦似乎愈來愈不對勁，我們又不知道應該如何調整。聯合國宣告人類從今以後，必須設法適應不正常的氣候。這樣的說法，似乎使人類感到既委屈、又無奈，「人定勝天」的豪氣也頓時消失。

5 剝卦（䷖）和復卦（䷗），除了兩卦相綜之外，剝卦的錯卦為夬(ㄍㄨㄞˋ)卦（䷪）；復卦的錯卦是姤(ㄍㄡˋ)卦（䷫），還有其它相關的卦，我們最好一併合起來想，看看能不能找出更合適的化解方案。

6 我們先從夬(ㄍㄨㄞˋ)卦（䷪）和姤(ㄍㄡˋ)卦（䷫）著手，分別看看這兩個同為十二消息卦的五陽一陰卦，各有什麼重要啟示，再把它們合而觀之，以期能夠更深入地體會剝復之道。

《第八章》

夬卦六爻
有哪些啟示？

夬ㄍㄨㄞˋ卦（䷪）一陰居上，五陽居下，
陽氣聚集上升，終將決除一陰。

夬ㄍㄨㄞˋ卦（䷪）和乾卦（䷀）的差異，
就在上六和上九不同，一為陰爻，一為陽爻。

可見夬ㄍㄨㄞˋ（䷪）變乾（䷀）的功能，
實在是夬ㄍㄨㄞˋ道的主要作用，也就是成乾。

君子決除小人，不能暴虐蠻橫，
否則與小人又有何異，難以令人信服。

夬ㄍㄨㄞˋ卦（䷪）下乾上兌，便是要令人心悅誠服，
九五主持中道，不用武力，但也不能濫用同情心。

除惡務盡，以免造成可怕的後患，
但執行時必須兼顧剛健與和悅。

一、持壯急進往往難以制勝

夬卦（䷪）為《易經》第四十三卦，前為益卦（䷩），後為姤卦（䷫）。〈序卦傳〉說：「益而不已必決，故受之以夬。夬者，決也；決必有遇，故受之以姤。」當人們增益不止，以致過於滿盈之際，必然會被斷然決去，所以接著是夬卦。「夬」即決斷、解決，把邪惡的分子決斷之後，必定有所遇合，因此出現姤卦。卦辭說：「夬，揚于王庭，孚號有厲，告自邑，不利即戎。利有攸往。」「揚」為公布，把邪惡分子的罪行，在王庭上公布。「孚」即誠信，「號」為公開告誡。誠信地公開告誡，倘若不清除邪惡，將存有高度危險性。「告自邑」是告知自己同志，「不利即戎」是指不宜立即動武，或興動外兵來討伐。這樣謹慎地採取妥當的處置，對五陽決一陰最為有利。

初九爻辭說：「壯于前趾，往不勝為咎。」小象說：「不勝而往，咎也。」夬卦（䷪）五陽一陰，五陽代表強大的正義力量，遠大於一陰這股邪惡力量，但在制裁、決斷時，仍須謹慎小心。初九是決斷的開始，倘若過於急進，就像足趾的前端那樣，剛健好動，冒然前往，必然難以獲得勝利，反而容易造成禍害。初九以剛居陽位，雖然當位，卻與九四不能相應。最好記取乾卦初九爻辭「潛龍勿用」的警語，若是沒有勝利的把握，便不應輕舉妄動。「不勝而往」，便是指對於決斷邪惡勢力的任務，如果缺乏勝任的把握，卻採取急進的策略，必然造成禍害。夬卦（䷪）初九在下位卑，與上（九四）無正應，若單憑剛健的勇氣，並不能勝過小人，即為「往不勝」的象。這是一種預先提出的警示，告誡人們不宜輕舉妄動，應當先做好周密的準備，才可以採取後續行動。

夬 ㄍㄨㄞˋ 43 ䷪

初九，壯于前趾，往不勝為咎。

初九剛居陽位，有決斷小人的強烈意願，但是位於下乾初位，勢不強、力不足，有如前腳趾般，無法決定能否採取行動。此時想起乾卦初九爻辭：「潛龍勿用」，最好能先估算一下自己的實力如何？有沒有「往而勝」的把握？倘若往而不勝，不如暫時按兵不動，再努力充實自己，伺機而動，以免造成後患。若是執意要動，製造「往不勝」的惡果，那就難免有咎了。

僅憑血氣之剛，未能作好充足準備，難以御敵制勝

二、最好不逞剛強不忘戒備

夬卦（䷪）彖傳說：「夬，決也，剛決柔也；健而說，決而和。揚于王庭，柔乘五剛也；孚號有厲，其危乃光也；告自邑，不利即戎，所尚乃窮也；利有攸往，剛長乃終也。」「夬」是決斷的意思，五陽決一陰，所以說「剛決柔」也。夬卦下乾上兌，乾為健，兌為說（悅），既剛健又喜悅，所以「健而說」，象徵既能剛健，也能平和。上六以一陰爻，乘陵在五陽爻之上，柔乘五剛的劣行，必須在王庭之上公布它的罪行。為了提高大眾對決斷小人可能造成危險的警覺性，最好是事先誠信地公開告誡。「光」為光大，一方面使大眾明白除惡的決心和可能產生的危險性；一方面也促使尚未犯罪的小人能知所警惕，使夬的作用更加光大。透過和平的方式，避免興師動武。「所尚」即所重，倘若為了決斷而增加動亂，夬道就不必加以重視了。面對上六這一陰爻，必須有所作為，務求剛長到陰柔全消，使除惡務盡的任務終能完成。

九二爻辭：「惕號，莫夜有戎，勿恤。」小象說：「有戎勿恤，得中道也。」九二以陽剛居陰柔的爻位，顯然不當位。幸好居於下乾的中位，有剛柔得中的好處。能夠堅定持重，不像初九那樣有勇無謀，過於急躁。「惕」為警惕，「號」即呼號。「莫」與暮相通，「莫夜」即暮夜。「惕號」相當於現代的戒嚴令。能及時發布戒嚴令，就算夜晚有敵人前來襲擊，突然發生戰爭，也能夠免於禍患，所以說「勿恤」。九二有決斷的堅強意志，毫不退卻、畏懼；也能防備意外的攻擊，有備無患。這種雙方面兼顧並重的策略，堪稱合理的中道，所以無須憂慮。

夬ㄍㄨㄞˋ 43

九二，惕號，莫夜有戎，勿恤ㄒㄩˋ。

九二以陽剛居下乾的中位，自知不當居於陰位，所以知所警惕，發揮剛柔得宜的中道精神。暮夜也不敢稍有放鬆，適時宣布戒嚴令，即使有兵戎來襲，也用不著憂懼。乾卦九二爻辭：「見龍在田，利見大人。」夬ㄍㄨㄞˋ卦九二不像初九那樣有勇無謀，過於急躁，能夠深自警惕，當然能獲得九五大人的賞識。因此放心地宣布戒嚴令，不必憂慮上級的懷疑，也不須擔心外來的襲擊。

不忘戒備，也不逞剛強，合乎中道

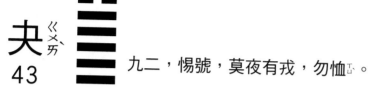

三、雖受嫌疑終能大白无咎

夬卦（䷪）大象說：「澤上於天，夬；君子以施祿及下，居德則忌。」夬卦下乾上兌，兌為澤，乾為天，有澤上於天之象。一柔（上六）乘五剛（初九、九二、九三、九四、九五），反映在人事現象，相當於一小撮小人，騎在眾君子頭上，實在是悖逆至極。決的道理，就是決去小人，使六爻都變成陽剛，有如乾卦那樣純正無邪。澤上於天，可以看成澤中的水氣，經過蒸發，而上升到天空中，決降成雨，用普降甘霖的方式，來施惠眾生。同樣的道理，君子必須恩澤下施於民。試想，澤水盈滿必然潰決；天上的雨水充沛，必然下降。「祿」是奉祿，過分盈滿必然招禍，最好能及早施與大眾。「居德」即積德，剛好和斂財自肥相反。積德不怕招忌，有德之人，則多多益善，沒有盈滿的顧慮。

九三爻辭：「壯于頄，有凶。君子夬夬，獨行遇雨，若濡有慍，无咎。」小象說：「君子夬夬，終无咎也。」「頄」為臉面。九三以剛居陽位，又是下乾的終位，難免一看到上六，便勃然變色，把剛健勇壯全都表現在臉上，實在有失處夬的道理。因為剛勇形於色，最容易引起小人的懷恨，反而造成反噬的惡果，所以「有凶」。五陽之中只有九三與上六相應，以君子而助小人，也是凶事。「君子夬夬」是鼓勵九三的話，寄望其當決即決，不能拘泥於私情，否則就好比單獨行走時遇到下雨。倘若被淋濕，相當於牽涉到上九而令人起疑，也使這些人覺得憤怒。必須意志堅決，終必決除小人，才能心跡大白，而獲得无咎。小忍成大謀，必須堅持。

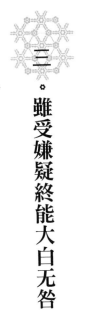

夬（ㄍㄨㄞˋ）43 ䷪

九三，壯于頄（ㄑㄧㄡˊ），有凶。君子夬（ㄍㄨㄞˋ）夬（ㄍㄨㄞˋ），獨行遇雨，若濡（ㄖㄨˊ）有慍（ㄩㄣˋ），无咎。

九三以剛居陽位，既當位又是五陽之中唯一與上六相應的爻，難免遭受大家的質疑，是不是有所包庇、同情的心態？九三倘若為了表現自己，一見到上六便勃然變色，把剛健勇猛全都表現在臉上，當然有違處夬（ㄍㄨㄞˋ）之道，必定招致凶禍。不如堅定決除的意志，卻又遵守處夬（ㄍㄨㄞˋ）的道理。就算在五陽之中，有單獨與上六相應的關係，好比獨行遇雨，被雨水淋濕了，惹得其它陽爻憤怒不滿，也終將真相大白，獲得大家的諒解，因而無咎。

遭受嫌疑不需要辯白，用實際行動證明最有效

四、軟弱無力難以驅除惡人

「決」字的邊旁是水。水中有壅塞物，必須設法清除，才能流通。小人是社會和諧的壅塞物，為安定社會，則必須加以清除。夬卦（䷪）與剝卦（䷖）相錯，夬卦象徵眾君子決小人，而剝卦則是群小人剝君子。夬卦五陽決一陰，表示除惡務盡的決心。剝卦五陰剝一陽，卻寓有碩果僅存的期待。君子的可貴，與小人的可惡，在此形成十分強烈的對比。

好的東西，大家會希望多加珍惜保留；壞的事物，大家應該同心協力加以驅除。然而，現實社會經常是劣幣驅逐良幣。品質良好的物品，銷量往往不及品質低劣的便宜貨。我們所看到的，往往是好馬被人騎，好人遭人欺，究竟是為什麼呢？

夬卦（䷪）九四爻辭：「臀无膚，其行次且。牽羊悔亡，聞言不信。」小象說：「其行次且，位不當也；聞言不信，聰不明也。」九四以剛居陽位，又不得中，所以說「位不當也」。「次且」是走路艱難的樣子。由於九四脫離了下乾，進入上兌，剛健不足而和悅有餘。以剛居柔，象徵有剛強的意願，卻缺乏堅定的毅力，好比臀部受傷，皮膚還沒有長好，那種想走又不方便走的模樣。九四和上六相當接近，在即將決除小人的時候，表現出這種猶豫不定、軟弱無力的態度，必將招致悔恨。倘若能夠仿傚羊受到人的牽挽，獲得正當方向，努力向前行，便可免於悔恨。九五即是牽羊人，可惜九四羊質而虎皮，就算說明這個道理，也聽不進去。「聞言不信」，即將耽誤大事，實在是不聽不明，令人婉惜。就好比幹部意見太多，核心團隊不夠堅強，無法同心協力開創未來，難免有悔！

夬 ㄍㄨㄞˋ 43 ䷪

九四，臀无膚，其行次ㄗ且ㄐㄩ。牽羊悔亡，聞言不信。

九四以剛居陰位，又是上兑的開始，可以説是剛健不足而和悦有餘。既缺乏勇氣和上六拚鬥，又好像臀部受傷、皮膚還沒有長好那樣，欲行又止。思及乾卦的九四「或躍在淵」，九四應該鼓起勇氣，配合九五決除上六，把九五當做牽羊人，自己則扮演聽命的羊，應該是最好的選擇。然而，若是聽到這樣的勸告，卻依然無法相信，那就會耽誤大事，造成令人惋惜的後果。

倘若軟弱無力，實在難以驅除邪惡

五、卦主有勇有謀足能致勝

夬卦（䷪）九五，以剛居陽位，又是上兌的中爻，居中得正。象徵以至尊的身分，親率四陽爻，決除上六這一孤陰，所以是夬卦的卦主。意思是九五與上六的關係，是陰爻（上六）在陽爻（九五）之上，為陰乘陽，有上六乘陵九五的可能。倘若九五對上六由於十分接近的緣故，因而產生了親暱、姑息的心態，必然會影響到決除小人的決心。九五爻辭：「莧陸夬夬，中行无咎。」小象說：「中行无咎，中未光也。」「莧陸」是一種嫩葉可食的植物，在這裡用來譬喻上六的陰柔。「夬夬」的意思，是夬而又夬，表示上六有如嫩葉，九五一出手，就能夠加以摘折。然而這樣輕而易舉的事情，有時反而會認為因為隨時可做，所以現在暫時不做，導致耽誤了可貴的時機。因此，九五必須抱持決而又決的堅定意志，才能合乎中道而无咎。倘若同情上六的處境，認定如此軟弱，諒它不致成為大患，或者存心利用，延緩決除的時日，那就不合乎中道的要求，而必然有咎了。《易經》裡的无咎，並不是無條件的无咎，而是有一定條件的无咎。而夬卦九五能夠无咎的條件如下：

1. 九五居上兌中位，既剛健又是尊貴的卦主，要不要親自出手決斷上六呢？主要關鍵在於上六尚存，中道便不能大放光明。「中未光也」，是九五必須記住的現況判斷。
2. 「未光」是現實，而讓它能大放光明，則是九五的首要任務。因此「夬夬」的決心，應該及時加以付諸實踐，不能猶豫不定。
3. 上六雖然柔弱，卻擁有高位，殘留勢力依然存在。九五親率四陽爻，堅決加以清除，並不算過分之舉。

夬ㄍㄨㄞˋ 43

䷪

九五，莧ㄒㄧㄢˋ陸夬ㄍㄨㄞˋ夬ㄍㄨㄞˋ，中行无咎。

九五以剛居陽位，又是上兑中爻，原本居中且正，既剛健又和悦，合乎夬ㄍㄨㄞˋ道的要求。但是上六以陰柔乘陵在九五之上，不免令人懷疑九四和九五兩爻都在上兑之中，是不是過分偏向和悦，因而剛健不足？雖然上六只有一爻，卻居於高位，好比莧ㄒㄧㄢˋ陸嫩葉可食，只要九五一出手，便能加以折斷。然而九五也可能姑息養奸，或寄以同情，或存心利用，耽誤了可貴的時機。必須抱持決而又決的堅定意志，才能合乎中道而無咎。

堅定決除的決心，有勇有謀才能致勝

六・惡貫滿盈無處可以求情

我們時常感嘆好人不長命，惡人活千年。依據《易經》的思惟，應該理解為：好人還不夠好，所以不長命；壞人還不夠壞，所以依然不死。一旦真的惡貫滿盈之際，沒有惡人可以不死亡的。

夬卦（䷪）上六爻辭：「无號，終有凶。」小象說：「无號之凶，終不可長也。」「號」指呼喊求情，「无號」即不必呼號求情，因為求了也沒有用。上六為夬卦中唯一的陰爻，成為五陽共同要決除的對象。雖然以柔居陰位，尚為當位，但是位於全卦的上位，有喜悅至極必然轉為哀泣的象徵。在夬卦的終位，表示小人到了窮極的地步，黨羽已被除盡，只剩下惡貫滿盈的首領，自然理無倖免，所以說「終有凶」。「終不可長」是警惕小人的話，意思是即使能夠橫行一時，到了真正惡貫滿盈之際，任憑誰也無法挽救。即使呼號求情，也難免一死。君子對待小人，既不應過分暴虐，否則和小人有什麼不同？但也不能過分寬鬆，以免縱虎歸山，留下後患。夬道的大用在成乾。夬卦五陽在下，一陰在上。陽氣上升，聚集得相當旺盛，勢必與上六決裂。在未除之前，上六以一柔而乘陵於五剛之上。就上六來看，有張揚於王庭之象，顯得十分猖狂。倘若上六得以一陰卻長久地阻止五陽，當然是九五領導無方，即為「中未光」，也就是中道尚未發揚光大的狀態。夬道的大用，既然在於成乾，則夬與乾的區別，即在上六這一陰爻，自非堅持加以決除不可。九五的「夬夬」決心，是全卦的關鍵。上六的哀號求饒，也是人之常情。但是惡貫滿盈時，無處可以求情，終必有凶，表示小人得勢終歸不會長久。

夬ㄍㄨㄞˋ 43 ䷪

上六，无號，終有凶。

上六為全卦的終了，以柔居陰位，象徵即將陰極成陽。在十二消息卦中，夬ㄍㄨㄞˋ卦的位置，正當陰消將盡的農曆三月。一轉眼就要由夬ㄍㄨㄞˋ變乾，完成夬ㄍㄨㄞˋ的任務。但是成乾之後，全卦六爻皆陽，不久又將由乾轉姤ㄍㄡˋ，開始陽消陰長。無論從陰轉陽，或者由陽轉陰，都是「終不可長也」。上六可以說是惡貫滿盈，即使到處哀號求情，也沒有人敢聲援，所以終有凶禍。

小人倘若惡貫滿盈，必然無處可以求情

我們的建議

1 夬卦（䷪）似乎可以看成五陽剝一陰，而稱為剝卦；剝卦（䷖）似乎也可以看成五陰決一陽，而稱為夬卦。然而，《易經》卻明示「君子決小人」與「小人剝君子」的意義和價值大不相同。由此可見「正名」的重要性與必要性，名正才能言順。

2 君子決小人時，必須保持君子風度，剛健而和悅，所以乾下兌上，用來象徵君子對待小人的合理態度，並且正名為夬卦。決除的意志堅定，但是方法和方式必須合理。倘若採取暴力、侮辱、欺詐的手段，和小人又有什麼區別呢？

3 夬卦的任務在成乾，但是成乾之後，又可能開始向姤卦傾斜。君子對小人，實在防不勝防。夬卦下乾上兌，便是預先考慮到這種可能性，所以儘量不去造成小人的怨恨。

4 五陽決一陰，按理說易如反掌。但是小人陰險狠毒，不擇手段，稍有疏忽必然遭受反擊。所以在有勇有謀之外，還需要小心謹慎，才能順利地完成決除的任務。

5 上六代表小人，雖然「終有凶」，但卻居於高位。因此九五必須親率各陽，以至尊的地位，來加以決除。倘若九五不主持這等大事，其餘職位較低的幹部，如何處理得了？

6 「夬」為決，兼有「快」的意思。小人決除，當然大快人心。然而暢快之餘，仍然要加倍提防小人，因為距離姤卦不遠了。接著，我們就一起來瞭解姤卦（䷫）六爻，具有哪些重要啟示？

《第九章》

姤卦六爻
有什麼用意？

姤ㄍㄡˋ是相遇的意思，是一切的亂源，
陰陽二氣相遇，不是吸引便是排斥。

《易經》扶陽抑陰，姤ㄍㄡˋ卦以陰爻開端，
警示人們遇合的開始，不可掉以輕心。

一失足成千古恨，終生難以補救，
姤ㄍㄡˋ到復十分遙遠，再回頭已是百年身。

姤ㄍㄡˋ卦五陽一陰，陽爻必須漸退，
象徵讓位於陰，才能發揮坤德大用。

陽自動漸退，而陰日愈增長，
原本是時令演變的自然規律。

九五既中且正，陰陽合理消長，
姤ㄍㄡˋ道必須防微杜漸，以免痛失所有。

一・少女情懷最好稍為矜持

夬卦（䷪）的最上一爻是陰爻，五陽向上一推，陰爻被決除之後，成乾（䷀）的任務便宣告完成。夬卦為三月卦，乾卦便是四月卦。純陽不可能持久，大約一個月時間，陰氣由下而起，就成為姤卦（䷫）。農曆五月，準備過端午節了，到了陽極陰生的季節。「姤」字古代與「逅」字相通，是相遇的意思。一陰來會眾陽，陰陽又相遇合。《易經》十分重視天地相交而化育萬物，猶如男女相結合才能生育子女。姤卦對於天地造化的密碼，做出十分精闢的剖析。我們知道當不同的事物遇合在一起時，不是互相吸引，便是互相排斥。從姤卦的初爻開始，便應該防微慎始，以期導向和諧，而避免鬥爭。

初六爻辭：「繫于金柅，貞吉，有攸往，見凶，羸豕孚，蹢躅。」小象說：「繫于金柅，柔道牽也。」初六以柔居陽位，又是全卦的最下一爻，象徵卑微軟弱。爻辭用「羸豕」來譬喻，「豕」即為豬，「羸」表示瘦弱，通常母豬較為瘦弱，所以「羸豕孚」的意思，便是輕浮躁動的瘦弱母猪。「金柅」是鄉下用來牽繫家畜的繩索，一端包有鐵桿，以便固定在地上，不讓家畜亂跑。初六代表一個女子，遭遇五陽這麼多的男人，最好能保持相當程度的矜持，不要輕浮躁動，能帶給大家端正、有教養的印象，以保吉祥。倘若輕浮嬉笑，挑逗眾男性，喪失「柔道牽」，也就是像被繩索牽制住，只能在小範圍活動的德性，那就難免招致凶禍了。「蹢躅」的意思是不安於位。初六雖為柔性，卻居於陽位，難免有上進的意向。最好能適可而止，不要一下子就被認定為交際花，而使眾人產生輕視的念頭，徒然惹來麻煩。

姤(ㄍㄡˋ) 44

初六，繫于金柅(ㄋㄧˇ)，貞吉，有攸往，見凶，羸(ㄌㄟˊ)豕(ㄕˇ)孚(ㄈㄨˊ)，蹢(ㄓˊ)躅(ㄓㄨˊ)。

初六以柔居陽位，象徵自身瘦弱，卻又十分好動。下巽(ㄒㄩㄣˋ)為風，沒有固定型態，能無孔不入，所到之處，充滿遇合的機會，最好設法加以限制，以策安全。初六以一女而遇五男，受到眾多男子殷勤示好，不免高估自己的優勢。倘若能夠保持冷靜，端正行為，當然貞吉。如果近水樓台，不經仔細考慮便投向九二，那就有凶了。下巽(ㄒㄩㄣˋ)為長女，表示已到婚嫁的年齡，最好自我管束，稍為矜持，以免在眾男子心目中，留下不可娶的不良印象。

愛情是女子的第一道關卡，必須格外小心

二．初遇未必合適應多考慮

男女遇合，才能生生不息。但是不合於禮，濫交、雜交的行為，只會徒生禍害。姤卦（䷫）卦辭中明白指出：「女壯，勿用取女。」姤的主旨在男女遇合，卦象一陰遇五陽，這樣的女性，實在是壯到了極點，說得難聽，就是人盡可夫了。「取」是娶的意思，這樣隨便與男性遇合的女子，並不能當做婚娶的對象，所以說「勿用取女」。「壯」，也可以解釋為過分大膽、外向、甚至於過分自信，娶到這樣的妻子，家庭能否幸福？應該可想而知。現代社會的離婚率節節升高，恐怕要好好研討姤卦的真諦，以資預防警惕！

姤卦（䷫）九二爻辭：「包有魚，无咎，不利賓。」小象說：「包有魚，義不及賓也。」「包」為庖，現代稱為廚房。「魚」譬喻初六，「包有魚」象徵初六原本應與九四相應，卻由於九二在初六之上，形成陽據陰的相比，近水樓台，好比初六這條魚溜進了九二的廚房。九二據有初六，是初六自己前來親比，並無威脅、利誘或欺弱（初六剛剛進入社會，認識不夠清楚）的現象，還可以无咎。然而對於九四來說，就相當不利。因為理想的對象一旦就近和九二遇合，九四就沒有適當的遇合對象了，所以說「不利賓」。我們對於師生戀愛，或者主管與直屬員工結婚，基本上不很贊成。即使是年輕女性，對長上有所親附時，身為長上者，必須自勉九二以陽居陰位，原本不當位，又居下巽的中爻，理應提醒初六再慎重考慮，並以「有攸往，見凶」，喚醒初六「柔道牽也」。倘若初六確屬一片真情，那就當仁不讓，義不及九四了。

姤ㄍㄡˋ 44 ䷫

九二，包有魚，无咎，不利賓。

九二以剛居陰位，有陽（九二）據陰（初六）的便利，象徵九二與初六相比，初六就親附於九二。忽然間發現廚房溜進來一條活魚，最好保持高度警覺，這是近水樓台先得月，必須先考慮合適與否？又由於初六自願，並不是自己威脅、利誘，欺弱所造成的結果，尚能无咎。如果不分青紅皂白便燒來吃，不但自己享用，還與賓客分享，那就不利了。

少女初次接觸男性，認識不清，不宜一見鍾情

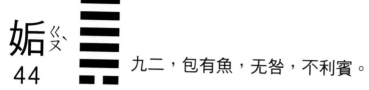

三、進退無據反而不被牽制

姤卦（䷫）彖辭：「姤，遇也，柔遇剛也。勿用取女，不可與長也。天地相遇，品物咸章也；剛遇中正，天下大行也。姤之時義大矣哉！」「姤」是遇合的意思，一陰爻（初六）與五陽爻相遇，所以說「柔遇剛也」。遇合得當，論及婚嫁原本天經地義，然而此處卻提出「不要娶這樣的女子」警語，是居於婚嫁最好天長地久，倘若不可長久相處，不如不娶不嫁。因為姤卦初六，象徵一個遇見男人就追求的女子，實在難以長久相處。遇合是應該的，唯有如此陰陽才能相濟。天地遇合，化生萬物；男女遇合，人類才得以生生不息。陽剛與正常的陰柔相遇合，姤道就能在天下大為施展。遇合必須合時合位，才是正當，所以說「姤之時義大矣哉！」

九三爻辭：「臀无膚，其行次且，厲，无大咎。」小象說：「其行次且，行未牽也。」姤卦（䷫）與夬卦（䷪）相綜，互為倒體。姤的九三即夬的九四，因此都用臀部做譬喻。九三剛居陽位，又是下巽上爻，象徵過剛不中。姤卦只有初六一陰，已為九二所據。九三下無所遇，上又不與上九相應，是姤卦中唯一無所遇合的陽爻，就好比臀部受傷，皮膚還沒有長好，欲行又止，坐不得安。但是像初六這樣看見男人就追求的女人，不宜長久相處。九三不與其親比，雖然有被追求的危險，卻由於「行未牽」，並未發生實際的牽制行為，因此沒有大差錯。遇見不正當的女性，不被她看中，真是幸運。不被看中而又自投羅網，那就厲有咎了。幸虧九三臀部受傷未癒，行動不便，反而免於自召禍害。

姤ㄍㄡˋ 44 ䷫

九三，臀無膚，其行次ㄗ且ㄐㄩ，厲，无大咎。

九三以剛居陽位，但與初六並不相應。眼見初六與九四有相應的機緣，而九二又與初六親比，自己則有如臀部受傷，皮膚猶未復原般，以致坐立不安，進退失據。雖然內心十分掙扎，不知如何是好？所幸陰陽既不相應，也就沒有後遺症，不致造成大咎。

陰陽不相應，有時反而無大咎

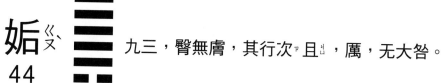

四・距離太遠有緣也難遇合

姤卦（䷫）下巽上乾，巽為風，乾為天，所以大象說：「天下有風，姤；后以施命誥四方。」天在上，風在下，象徵天下有風。當風吹過的時候，天下萬物無不與之相遇，因此卦名為姤。古代皇后必須母儀天下，有關男女遇合的事宜，最適合發言的當然是皇后。「施命」是發布命令，「誥」即傳告。皇后想把姤的道理，向天下百姓發布，必須借用王命，才合乎坤德的要求。所以君王體會皇后的美意，這才發布命令，傳告四方。我們常說「移風易俗」，便是藉由「風行草偃」的勢力來進行。《易經》透過天下有風的象，闡明男女遇合的必要性和妥當性，實在是用心良苦。

九四爻辭：「包无魚，起凶。」小象說：「無魚之凶，遠民也。」九四原本與初六相應，才是理想的遇合對象。倘若初六明白姤道，不就近親比於九二，等待九四出現，才與其遇合，應該可以長久相處，成為一對佳偶。偏偏初六不懂事，由於近水樓台，活像一條魚般地溜進了九二的廚房。九二認為既沒有威脅、利誘、欺弱，也不是有意破壞初六與九四的遇合，因而據有初六。導致九四本來應該「包有魚」的，變成了「包無魚」。九四以剛居陰位，象徵陽剛失正，難免與九二發生爭執，以致造成凶險。其實事已至此，九四不如自我反省，為什麼會「包無魚」？是不是自己和初六相隔很遠？其中有九二、九三相隔，自己為什麼不及早提高警覺，而造成這種「遠民」的遺憾呢？想通之後，自然覺得姤道有所偏失，自己不過少了一條魚，也就不致招來凶險了！

姤 ㄍㄡˋ 44 ䷫

九四，包无魚，起凶。

九四以剛居陰位，並不當位，象徵九四原本與初六相應，卻由於相隔甚遠，當中又有九二就近與初六親比，以致應該「包有魚」的，卻變成了「包無魚」。九四又陽剛失正，難免起而與九二發生爭執，因而造成凶險。倘若及早提高警覺，知道自己的合適對象是初六，就應該適時採取行動，以免喪失良機。

距離太遠，即使有緣也難以遇合

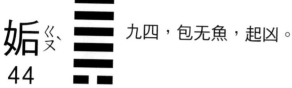

五、只關心不參與方便輔導

我們也可以把姤卦（䷫）初六想像為小人，一陰始生，漸次向上與諸陽相遇。倘若加以防止，使其不能前進，君子便獲吉了。若是任其前往，遇見它的必凶。但是初六瘦弱，卻居陽位，亟思躍進，很難制止。初六親比九二，對九四不利。九三自認為不上不下，似乎事不關己而不勞心。九四原本有包容、感化初六的功能，看到九二將初六據為己有，不反省自己有疏遠民眾的缺失，卻自棄其魚，實在是未受初六傷害，便凶由自起。九五為姤卦的卦主，在姤的情境中，保有可貴的內在美，所以九五爻辭：「以杞包瓜，含章，有隕自天。」小象說：「九五含章，中正也；有隕自天，志不舍命也。」「杞」為大葉喬木，用杞葉包瓜，象徵以「含章之美」，也就是用內在的美德，對初六予以包容。九五以剛居陽位，又是上乾中爻，既中且正。能包容一切，雖然與初六不是正應，卻也由上施下，自外而內，就像從天上降下來的那樣。「隕」即降落，譬喻初六由夬卦（䷪）的上六，降落下來而居於姤卦（䷫）的始位。這種自天降落的現象，合乎自然的標準。九五心中明白：姤卦的遠程目標，即在成坤。站在九五的立場，抑制小人是重大職責。然而有陽必有陰，也是天道的常則。既然姤卦大象指明「天地相遇，品物咸章」，只要陽比陰強，得以控制小人胡作非為，也就適當地加以包容。即使具有抑陰的意志，仍然不能捨棄天道。

九五知道怎樣對待初六，才能輔導九二既然近水樓台先得月，與初六遇合，就應該好好相處，不要再傷害九三、九四了。

姤ㄍㄡˋ 44

九五，以杞ㄑㄧˇ包瓜，含章，有隕自天。

九五以剛居陽位，又是上乾的中爻，既中又正，是姤ㄍㄡˋ卦的卦主。有如高大的杞ㄑㄧˇ木，能夠蔭庇全局，又好比寬大的杞ㄑㄧˇ葉，足以包容整體。雖然與初六並不相應，對於初六的所作所為，卻也能加以包容。這種內在的美德，就像隕石自天降落，自然而然。因為姤ㄍㄡˋ道的主旨，即在適當地把各種遇合做出合理的包容。

只有廣大包容的胸懷，才方便輔導各種遇合

六、姤道已窮極有吝而无咎

陰長陽消固然不利於陽，陰陽不能遇合也同樣對陽不利。「勿用取女」的結果，還是要「取女」。站在「勿用取女」的立場來「取女」，這才合乎「一陰一陽之謂道」的精神。在姤的大前提下，九二、九四與初六遇合的機會最大。九三雖然有意，卻沒有實際行動。九五過了適婚期，因此最瞭解愛情的真諦，只關心、不參與，確實發揮了輔導的功能。上九位居全卦末端，與初六相距最遠，相對於遇合而言，實在是窮極的位置。所以上九爻辭：「姤其角，吝，无咎。」小象說：「姤其角，上窮吝也。」「角」長在動物的身體頂端，上九剛健，居於九五之上，因此用「角」來象徵。就好像鑽入死角般，窮極而無所遇合，當然不無遺憾。上九與初六無緣，與九三也不相應，卻也因此而無所爭遇。雖然有吝，並無禍害。姤的要義是陽消陰長，而上九位於姤卦頂端，下面的陰要長，上九便首當其衝，將要被逼退了。有如走到窮途末路般，難免有吝。

姤卦（䷫）天下有風，無孔不入，表示一種風氣的產生，很可能影響全世界。倘若初六是不良風氣，九二就應該嚴加制止。然而近水樓台，判斷力不足，加上自認能夠包容初六，這才導致九三進退失據，坐不得安。九四明知自己才有能力判斷，並且尋找有利的因應策略。可惜九二已經自作主張，據有初六。此時九五只好遵循天道，發揮靜以制之的美德，希望能夠有效挽回。倘若效果不彰，上九首先消失，九五面臨窮亢，即將由姤轉坤。不久一陽來復，又是一番新氣象。天理循環，風水輪流轉，又有何咎！

姤ㄍㄡˋ 44 ䷫

上九，姤ㄍㄡˋ其角，吝，无咎。

上九位於姤ㄍㄡˋ卦的頂上一爻，正好是角的位置，由於和初六相隔甚遠，所以有如鑽入牛角尖一般，窮極而無所遇合。雖然不無遺憾，卻也樂得清淨，因而无咎。上九即將由姤ㄍㄡˋ轉坤，眼見所有遇合，不論如何，都將轉瞬成空，又將一陽來復，重新來過。居上位而要求有所遇合，勢必委屈地裝可愛。到了這種地步，就應該看開，何必自討苦吃！

窮極而無所遇合，只要看得開，便可以无咎

我們的建議

1 姤卦（䷫）初六，可以看成小人、看成不良風氣、看成不明正道或不守正道的懷春少女。因而各爻爻辭，有不一樣的解說。只要和遇合有關，合乎姤卦主旨，便無不可。揭開宇宙奧祕，有很多不同的管道，所以不可為典要。

2 姤卦天下有風，也可以說是風行天下，所到之處，無不受其影響。風氣往往是從瘦弱的初六開始，只要九二不嚴正把關，或者無法制止，很快地就會漫延開來。等到九五出面，常常由於善門難開，只好做出相當的妥協。

3 通常一個男人遇到一群女人，就會變得害羞、膽怯而趨於保守。相反地，一個女人遇到一群男人，大多認為自己具有優勢，可以挑選男人，成為姤卦取象的主要依據。

4 初六和九二近水樓台，有很多遇合的機會，必須特別謹慎小心，象徵凡事三思而後行，才能減少不良言行的出現。不應該為了不成熟的決定，而敗壞了優良的風氣。

5 研究復卦（䷗），必須先明白剝卦（䷖）的真義。而剝落的形成，可以說源自於姤（䷫）象。由姤而剝，雖然經過了遯（䷠）、否（䷋）、觀（䷓）這些階段，然而其進展速度之快，也令人措手不及。

6 我們最好能把剝（䷖）、復（䷗）、夬（䷪）、姤（䷫）四卦合起來看，做出更為寬廣的認識，就會明白自然律是既公正且合理，人類實在不應該把滅絕的責任推卸給自然。

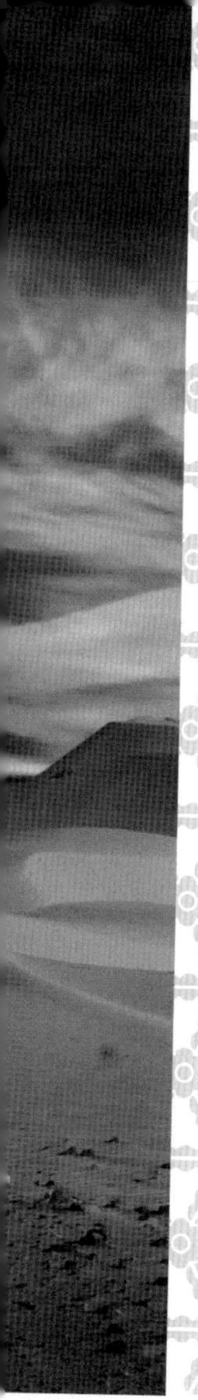

《第十章》

夬姤對剝復
有何啟示？

剝極而復，是自然現象，卻令人憂傷！
對現在活著的人而言，實在是既悲慘又殘酷。

我們不能坐以待斃，眼睜睜看著滅絕之日的到來，
既然說盡人事以聽天命，就該做些有益的行動。

首先要明白，姤為一切問題的亂源，
來自人類和自然的遇合，必然有所缺陷。

人類重視自信，卻忘記了自性，
大家都肯定自我，而不明白天道。

夬道無力，姤的力量卻愈來愈強大，
增強夬道的實力，應該可以降低姤病的發生率。

一、姤ㄍㄡˋ為一切的亂源要小心

現代人莫名其妙地陷入姤ㄍㄡˋ的困境，處於地球能源被浪費、自然生態受破壞、社會正義遭漠視、弱勢族群受欺壓的苦惱中。而這一切，多半起於工業化所衍生的科技發展、商業化所造成的經濟畸形，以及地球村加速人類文明遇合的結果。導致天人合一、順乎自然的理想，愈來愈遙遠。大家只重視「自信」，卻置「自性」於不顧；只知道「自我」，卻不明白「自天」的重要性。

往昔人們的自信，是通過天的。現代人講求自信，只有自我卻不明天道，因此很難達成「自天佑之，吉无不利」的要求。

面對人類的浩劫，我們不能等待剝極而復。若是把希望全部寄托在復，那就等於坐以待斃，不合乎「盡人事聽天命」的道理。「剝」的前奏，實際上是「姤ㄍㄡˋ」。一陰初見的時候，大家認為這是創新、有創意，敢為天下先。又居於好奇的心理，認為不妨試試看。心裡有充分把握，實在不行時再來取締和禁止，不相信以五陽的力量，敵不過柔弱的一陰！殊不知坤卦初六爻辭早已提出「履霜堅冰至」的警語，人類只要有一代不能堅守原則，放縱自己，「持經」的功夫不夠紮實，他日想要恢復原本的要求，實在是非常困難啊！這就是「放鬆容易收緊難」的道理。再加上「求新求變」的煽動，使人錯認為「凡是新的都比舊的好」，於是開始喜新厭舊、愈新愈好，造成人人愛搞怪、個個不安分。放眼今日，政府管不了百姓、老師管不了學生、父母管不了子女……一切亂源，皆是由此而生。各種遇合，無不離經叛道。原本的持經達變，現今成為沒有原則地亂變。方向錯誤，愈快愈危險，實在令人擔憂不已。

求新求變

新的比舊的好 ——→ 喜新厭舊，追求新奇

↓

人人愛搞怪，個個不安分

↓

不知不覺中，離經叛道

↓

只有自我卻不明天道，只知自信卻不知信天

⇩

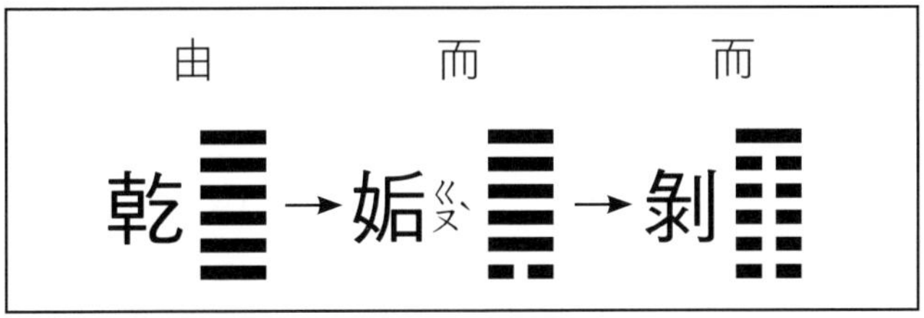

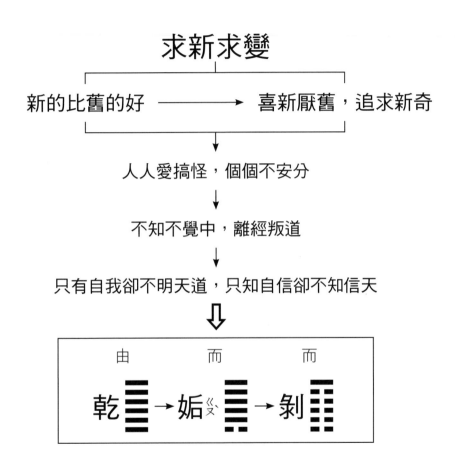

二・姤須防微杜漸難以禁絕

姤所代表的是妖魔的力量。世間有神便有魔，這才合乎「一陰一陽之謂道」的原則。社會上有君子便有小人，我們不可能把小人完全驅除或消滅。實際上有小人才能凸顯君子的修為，有魔力才使人明白神力的偉大。神魔共存的功能，在提升我們防微杜漸的高度警覺性，以資明哲保身。

提起「明哲保身」，又會引起某些人的疑慮。這不是自私嗎？只顧自己，不考慮別人。實際上「明哲」的意思，最好的解釋，應該是明白《易經》的道理。而《易經》的主旨，是與人為善，而非獨善其身。我們「保身」的目的，在保己保人，也就是修己安人。若是連自己都保不了，還能保別人嗎？這是先後問題，並沒有輕重之分，往往利己才能利人，不可偏忽。

魔力的本質，是強烈的魅力。被迷惑的，將成為大惡。倘若不被迷惑，而是把魔力當成一面鏡子，用來自我警惕，反而能夠成為有用的力量，足以成為大善。只要提高警覺，不被魔力迷惑，便能夠有效運用魔力進行自我鞭策。當我們為甜美迷人的魔力吸引時，難免心動。此時最要緊的，並非設法逃避，而是喚醒自己的理性，來迎接魔力的挑戰，把它當做自我考驗的關卡。只要意志堅定，就能戰勝魔力。於是慶幸自己又增強了實力，能夠繼續在人生旅途中獲得晉級。

以理性戰勝魔力，必須具有和諧的宏大器量。當陰氣遇上陽氣之際，必然產生以柔克剛的情況。換個角度想，能夠被魔力看上，也是自己有本事的證明。嫉惡如仇，遠不如理性面對。不應該貿然行事，而是要等到對事物整體有所瞭解後，再做必要的處置。

一陰一陽之謂道

神　　　　魔

有君子便有小人，有神力就有魔力，必須同時面對

被魔力迷惑

魔力通常甜美迷人，
一旦意志不夠堅定，
就會被魔力所迷惑，
喪失理性與自制力，
自己也變成惡人。

不被魔力迷惑

把魔力當做一面鏡子，
用以自我警惕，保持警覺，
反而能成為一股有用的力量。
不為魔力所迷惑，
可以成為大善。

憑良心，不欺騙自己，不用來騙財騙色

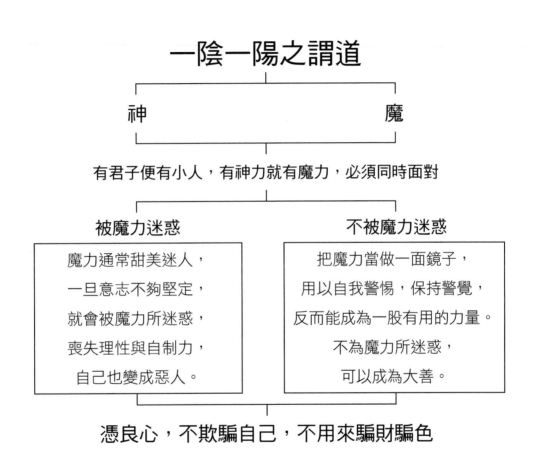

三、唐代郭子儀是難得典範

唐代郭子儀歷經玄宗、肅宗、代宗、德宗四個朝代，身繫國家安危二十多年，是一位非常值得我們學習的人物。歷史上的名將，大多年少得志，才有壯健的體力，可以為國效力。但是郭子儀生處太平盛世，唐玄宗以為海內無事，老百姓也認為高枕無憂，普遍缺乏憂患意識。郭子儀是刺史之子，參加武科舉考試也以高分錄取，卻一直擔任下級軍官的職務，並未獲得重用。安祿山造反時，朝廷才起用郭子儀勘亂，那時的他已經五十多歲了。玄宗逃亡時，其子肅宗任命郭子儀為兵部尚書，率兵收復了長安及洛陽。唐肅宗一方面對郭子儀十分感謝，曾言道：「雖吾之家國，實卿之再造。」；另一方面，又不放心郭子儀手握大權，因此特別指派太監魚朝恩加以監督。

魚朝恩嫉妒郭子儀的功勞，憤恨他的威名。而郭子儀又是正人君子，不屑於討好這樣的奴才。於是魚朝恩在肅宗面前進讒，使郭子儀的兵權遭到解除。後來軍隊紀律敗壞，才又把郭子儀請出來。肅宗病死，代宗擔心郭子儀功高難制，派他去守肅宗的墳墓，一直到七十九歲高齡，才再度被請出來平定叛亂。此時，魚朝恩又極力毀謗郭子儀，但都傷害不了他的名望。於是魚朝恩居然派人去挖郭子儀的祖墳，但郭子儀還是勉強忍耐，此舉並非懦弱，而是顧全大局。郭子儀後來死於德宗建中年間，享壽八十五歲，是富貴壽考的代表。回顧郭子儀的一生，他不但克己容人，而且善於和小人周旋。既能與君子相處，也足以妥當因應小人的破壞。明哲保身加上為國效力，兩者兼顧並重，應該是防微杜漸、以理性對付邪惡的難得典範。

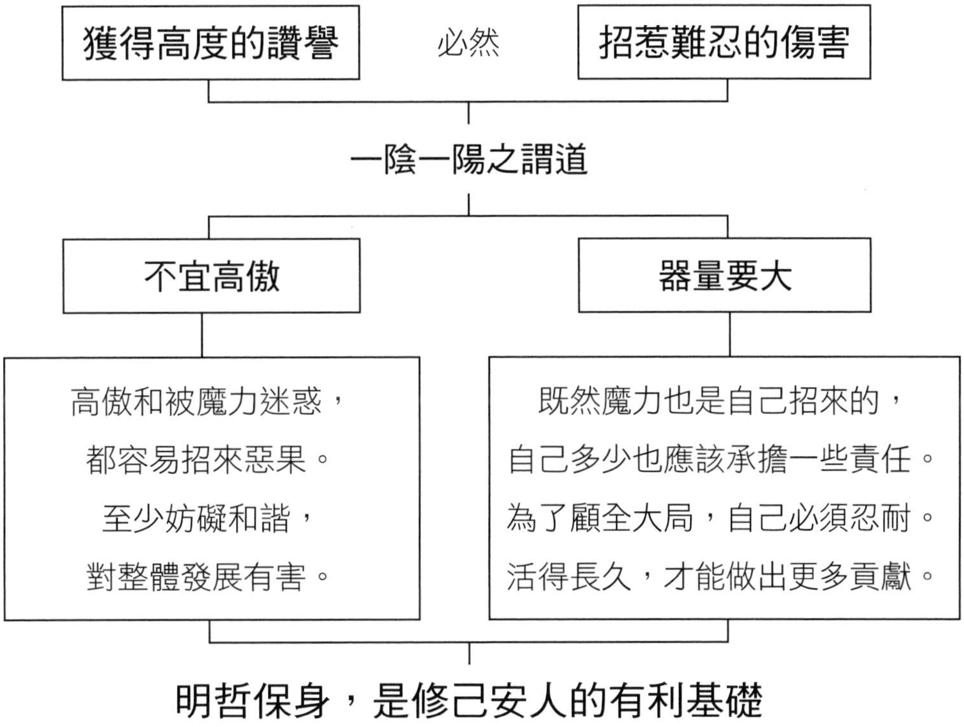
獲得高度的讚譽
必然
招惹難忍的傷害
一陰一陽之謂道
不宜高傲
器量要大
高傲和被魔力迷惑，都容易招來惡果。至少妨礙和諧，對整體發展有害。
既然魔力也是自己招來的，自己多少也應該承擔一些責任。為了顧全大局，自己必須忍耐。活得長久，才能做出更多貢獻。
明哲保身，是修己安人的有利基礎

四．有烏鴉也有喜鵲是常態

當魔力出現時，若是有人提出警告，就會被眾人責罵為烏鴉，聒噪擾人，徒然令人難受；若是有人存心做好人，扮演喜鵲的角色，報喜不報憂，反而容易使人迷惑而心生歡喜。

任何時期，經濟學家永遠分成兩派：一派是烏鴉嘴，專門唱衰；一派是喜鵲聲，樂觀迷人。至於真相如何？實在無法得知。反正結果一旦成為事實，雙方都各有一套下台階的言辭，可以分別自圓其說。人類又普遍患有健忘症，記不得誰是哪一派，也分不清誰才是準確的，很快就會不了了之。

一群男人當中，突然出現一個女人，萬綠叢中一點紅，必然引起眾男子的注意與追求。於是各獻殷勤，把這個女人愈捧愈高。當女人反過來左右這一群男人時，大家卻罵她愛情不專一，說她是禍水、要不得，這種情形是不是經常發生的事實呢？

以柔克剛，原本是自然現象，為什麼姤卦（䷫）初六要特別提出「有攸往，見凶」的警語？主要目的在提醒我們：一陰可以審慎地與合適的一陽相配，卻不應該傷害諸陽。然而和哪一陽相配？則難免有喜鵲也有烏鴉，莫衷一是，令人迷惑。我們常以「娶錯一個女人，家族九代遭殃」、「男怕入錯行，女怕嫁錯郎」來互相勸勉。不論男女，都應該提高警覺，不宜盲從。

人生是一連串選擇的過程，在過程中，不免出現烏鴉與喜鵲。務須自我警惕，不隨便聽信他人言語，更不應該放棄自己所應負的責任。畢竟自作自受，是不易的定律。是憂是喜，最後都得由自己承擔。怨天尤人，根本無濟於事。

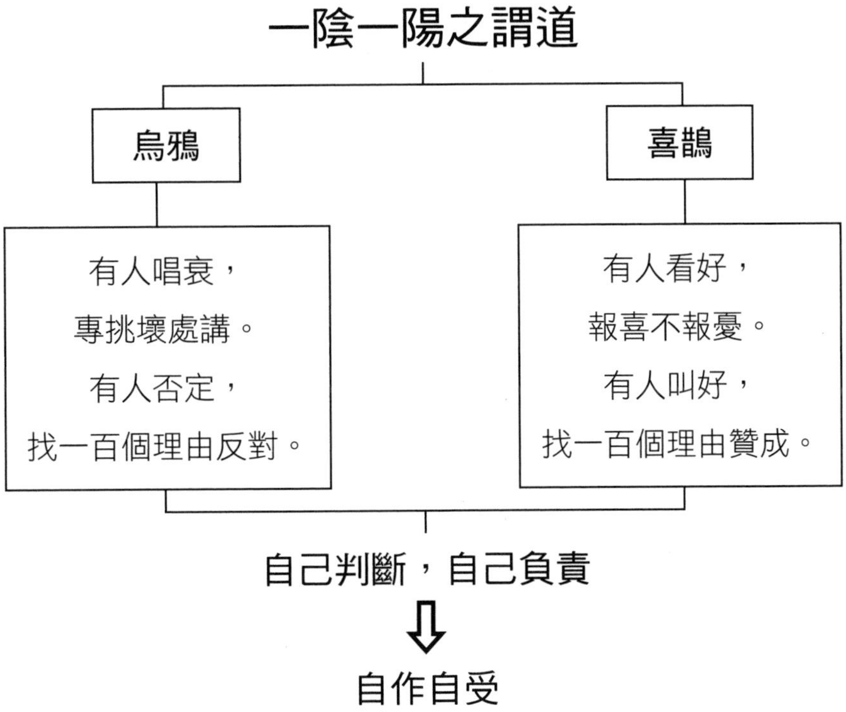
一陰一陽之謂道
烏鴉
喜鵲
有人唱衰，
專挑壞處講。
有人否定，
找一百個理由反對。
有人看好，
報喜不報憂。
有人叫好，
找一百個理由贊成。
自己判斷，自己負責
自作自受

五、由姤（ㄍㄡˋ）變剝只在轉瞬之間

把焦點放在剝極而復，未免太過短視，也太不負責任。剝的形成，有其可尋的原因，即使是在轉瞬之間，也有其轉化的過程。不追求原因、不重視過程，實在不夠明智。

「姤（ㄍㄡˋ）」是陰陽遇合的自然現象，非但不能躲避，也不需要躲避。但是「遯（ㄉㄨㄣˋ）」的動作，仍然可以自主。「遯（ㄉㄨㄣˋ）」的主旨在割捨，當我們發現異常情況時，必須公正地、審慎地判斷，並且毫不猶豫地斷然割捨不良的部分。當然，有效的割捨，仍須見機行事。有時先行退隱以求遠離禍患，伺機再行出擊，也是必要的權宜措施。遯（ㄉㄨㄣˋ）卦（䷠）四陽對二陰，卻往往由於處位不同，小人得勢，君子雖然眾多，也無能為力，接下來自然就會出現否塞不通的現象。否卦（䷋）的用意，是割捨惡勢力時遭遇困難，那就應該與邪惡保持相當的距離。自己不被魔力所誘惑，也不讓魔力有機可乘。唐代郭子儀對待邪惡勢力的方式可供借鏡。即使過程千辛萬苦，君子也不能放棄責任。必須對否極泰來存有高度的期望，並且不可為一己的私利所迷惑，而不知退隱以避禍。實在沒有辦法的情況下，也要認真觀察，找出敗壞的真相。觀卦（䷓）的主旨，即在提升自己的觀察力，儘可能排除不良因素。至少要在處剝之際，還能保持碩果僅存的實力，以待剝極而復。日本在東京附近，挖了一個特大的坑洞，將現代的科技產品都擇優埋入其中，便是準備當人類滅絕之後，再經過幾百萬年的時光，待日本境內再次出現人類時，就可以藉由挖掘出來的物品，縮短文明進步的時間。這樣的思慮可說用心良苦，為最壞的可能做出最後的打算。

姤（ㄍㄡˋ）䷫
一陰遇五陽，必然產生以柔克剛的現象，要特別小心，
以免因為大意而失去一切。

↓

遯（ㄉㄨㄣˋ）䷠
二陰居內卦，象徵小人得勢。君子雖眾，卻不見得有利。
世人總以為退避不好，其實是不明白循環往復的自然律所造成。

↓

否 ䷋
魔力侵入心境，倒霉事將會接二連三發生。必須淨心，用心自律。
唯有發自內心改過遷善，才有否極泰來的希望。

↓

觀 ䷓
地道、人道都陰爻化了，只剩下天道剛健，做為模範。
人應該提升觀察力，明天道以真心行事，以求見微知著。

↓

剝 ䷖
陰柔氣盛，而陽剛氣衰，必須堅守正道，做出合理應對。
不應該得過且過，也不可以輕舉妄動，務求保留僅存的碩果。

六・謝天謝地要還自然公道

中華兒女經常謝天謝地，這是不忘根本的美德展現。然而口稱感謝，心中還是要敬天、事天，並且養成順天的習慣，才是真正地還上天（自然）一個公道。

《易經》指出宇宙是一個生生不已、行健不息，時刻都在變動的大生命。人不過是這個大生命中的一個小小生命單位而已。我們的生存原理，和宇宙這一大生命的自然法則，兩者應該是相契合的。所以人必須敬天，跳出「人」的範圍，以恭敬的心，來認識人所處的自然環境。然後再由天道推及人道，以侍奉的態度，來事天，也就是明白天理，並且順應天理，以創造文明。要做到這一步，自非提升人的道德修養不可。因此德本才末，而且德本財末，無論是人才或財富，都應該以道德為根本。安貧樂道，成為君子的要件。「安貧」並非「樂貧」，因為貧富並不是人自己可以決定的。人只能保證自己努力，卻沒有把握一定致富。「生死有命，富貴在天」並非迷信，而是將長久觀察所得到的統計數字，用這兩句話表達出來。大自然藉著循環往復來生生不息，具有剝極而復的自我修復能力。但是人的生命有限，即使真有來生，也已經不在此生的計量範圍之內。以致稍有挫折，遭遇凶險，無不呼天搶地，感嘆上天不公，大地無情。把人為的災難，通通歸於天災地變。我們研讀《易經》，應該明白是人類破壞了循環的系統，導致陰陽互動的機制愈來愈不靈光。這不是自然的禍害，而是人類自作孽的結果。必須由人類自作自受，與老天無關。不怨天，才是還自然一個公道。

還自然一個公道

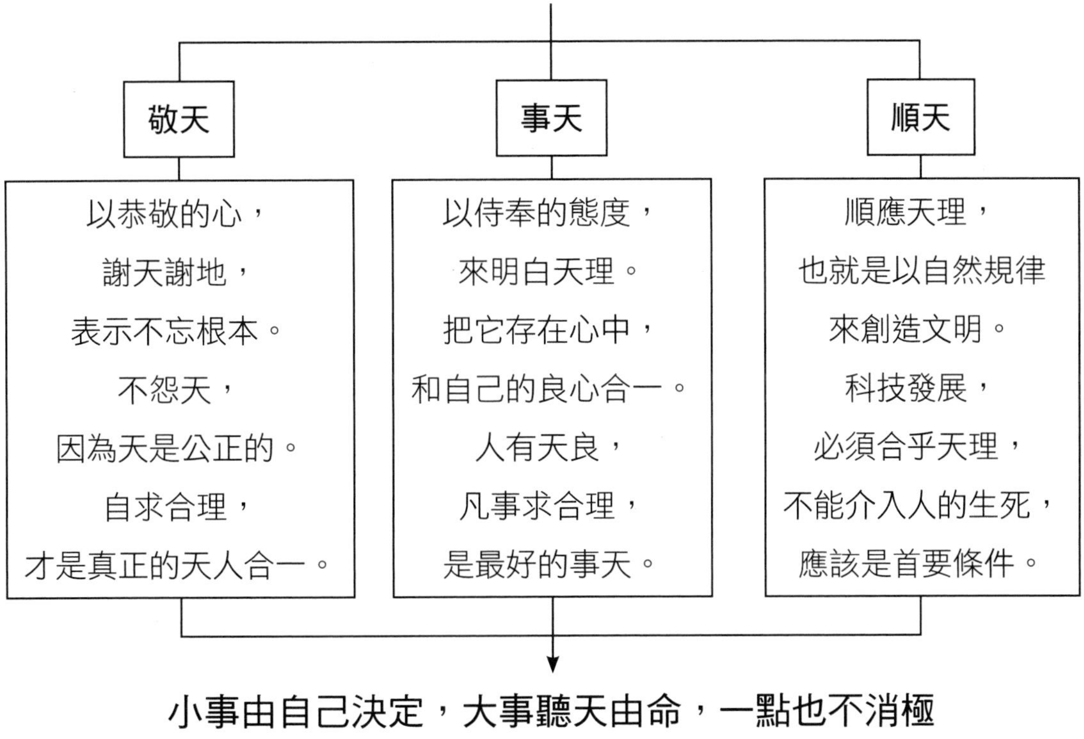
敬天
事天
順天
以恭敬的心，
謝天謝地，
表示不忘根本。
不怨天，
因為天是公正的。
自求合理，
才是真正的天人合一。
以侍奉的態度，
來明白天理。
把它存在心中，
和自己的良心合一。
人有天良，
凡事求合理，
是最好的事天。
順應天理，
也就是以自然規律
來創造文明。
科技發展，
必須合乎天理，
不能介入人的生死，
應該是首要條件。
小事由自己決定，大事聽天由命，一點也不消極

我們的建議

1 夫妻有如同林鳥，大難來時各自飛——這是人的動物性，和禽鳥一樣；夫妻有如同林鳥，大難來時要共擔——這才是人性的尊貴，是君子的行為。道德對人類來說不止是修養，而且是一種不可推諉的責任，務必要有所承擔。

2 今日的病，大多是昨日造成的。現代的自然環境，很多是前人所破壞的，卻要由我們來承擔惡果。我們常說為後代子孫著想，原來十分有道理，不幸卻說得多、做得少。

3 現在的「剝」，其實是往昔的「姤」所造成的。我們讓「姤」由「遯」而「否」，仍然還在觀望，並沒有採取任何行動，豈能不剝？要治今日的病，應該尋找過去的根。如此一來，才能進行根本治療。

4 西醫比較重視治療，中醫更加著重養生。養生與治療，兩者是一陰一陽，不可偏廢。然而預防重於治療，養生應該優先於治病。凡事未雨綢繆，防患於未然，需要高度的憂患意識。這也是《易經》的重大啟示，最好能即知即行。

5 和先人計較，根本沒有著力點。找過去的麻煩，也無濟於事。不如好好面對當前的困境，尋求合理的化解。每個人都「盡人事以聽天命」，並且從自己做起，不要再把責任丟給下一代，他們承受不了的！

6 〈繫辭上傳〉說：「一陰一陽之謂道，繼之者善也。」乾卦〈文言〉也說：「元者，善之長也。」自然具有自我修復的能力，並不會蓄意對人類進行反撲，我們應該還自然一個公道。

結語

《易經》所建立的，是一套有機的自然觀。把大自然視為一個息息相關的整體，彼此互相依存，建構出一個「共生、共存、共同發展」的生態網。經由陰陽互動、生剋消長，來維繫動態平衡。萬物都應該在共同生活當中，透過複雜的反饋關係，尋求相互適應，以求達成和諧。上天特別賦予人類高度的自主性和創造性，給予人類「參贊天地化育」的特殊責任。但是，人必須敬天、事天、順天，才能夠完成這樣重大的任務。因為在有機的宇宙中，每一個分子（太極），都應該順其本性，在全體的循環互動中，奉獻各自不同的功能，以達成動態平衡的和諧。孔子曾經好幾次提及上帝，也承認他有時在祈禱，但是從來不曾把上帝當做無上權威的主宰。因為有機的互動，來自乾道變化的「各正性命」，也就是萬物所共同遵守自然律，各盡本分地表現出合理的功能，並沒有至高無上的造物者以權威在主宰著這一切。

自然科學的發展，使人類對大自然的認識日愈精深，這原本有助於易道的發揚光大。不幸的是，大家忙於研究物質，卻喪失了自性。科學消除迷信，應該是一件好事。不幸的是，大家相信「科學萬能」，將科學宗教化，把科學當成萬能的神。造成了另一種迷信，也就是迷信科學。

最可怕的，則是以科學涵蓋一切。把人文、社會也當做科學，主張人文社會也應該像自然科學那樣，求新求變。以致傳承數千年、禁得起長時間考驗的生活法則，也在求新求變的推動下，被任意地加以改變。甚至更冠冕堂皇地假藉「回歸自然」的響亮口號，把人類好不容易得到的「萬物之靈」的地位，拉回到「人本來就是動物之中的一種」；把「由生物性走向文化性」的道路反轉過來，一切恢復生物性，豈不等於從文明人重新回復為野蠻人？

我們又保留了「把責任往外推」的不良習性，以「大自然反撲」的謬論，來掩飾人類貪得無厭、破壞自然環境的事實。企圖將氣候異常、溫度升高、海水高漲、空氣污染等等罪過，推給大自然，實在是自欺欺人的舉動。

人類不能夠「聽其自然」，否則創造性何用之有？我們不能「把責任推給自然」，以免自主性受到奚落。人類的尊嚴，應該建立在「敬天」的基礎上，採取「順乎自然」的態度，來參贊天地的化育。我們不能夠「違反自然」地「揠苗助長」，而是必須「順應自然」地依據各種物性的需要，提供合理的因素，以從旁協助其生存發展。

在「天、人、地」三才之中，人既是始點，也是終點。一切都是人造成的，當然必須自作自受。我們曾經什麼道理都知道，卻遺忘得比什麼都快速，難道這也是求新求變所招致的惡果？至少「自作自受」的定律，又再次獲得明證！

《易經》提示「無往不復」，儒家尊顏回為「復聖」，都在提醒我們「早日康復」的必要性、可能性和重要性。地球是我們生活的所在，提供我們生存發展的各種條件。然而我們無情無義，把它糟蹋至此，還說成是「自然的反撲」，實在是貽笑大方。倒不如以「復」的心情，來研討象、數、理的連鎖作用，或許能夠從中找出回復的生機。我們下一本書，就是要探究「易經由象數推理」的要旨，敬請指教！

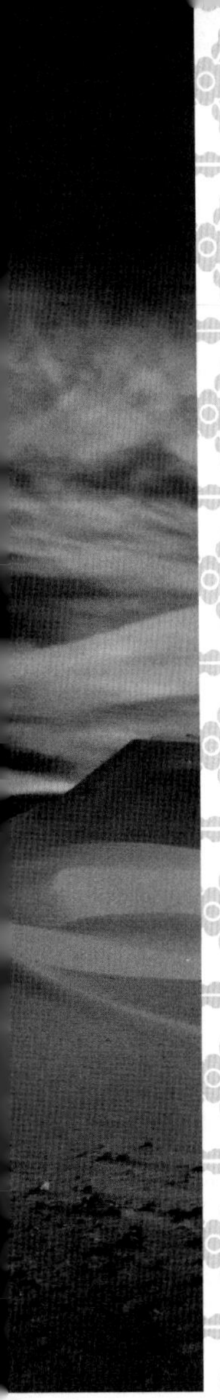

《附錄》

順著它還是要對峙它？

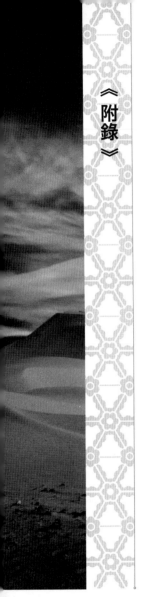

一、一陰一陽之謂道

世間萬事萬物，看似錯綜複雜、變化莫測，實際上都是由各種力的交互作用，所呈現出的動態平衡。〈繫辭上傳〉說：「一陰一陽之謂道」，便是指出萬事萬物的基本構成單位都是相同的，也就是太極。太極生兩儀，分陰（⚋）分陽（⚊），構成宇宙這一個共生、共存、共同發展的生態網。

一陰一陽之謂道，是《易經》一以貫之的最明顯證據。它可以涵蓋人類所有學問，把人類一代又一代努力鑽研的成果，全部用這一句話貫串起來，而且完全說得通。基本單位，都是一（太極）。所以稱為一以貫之，實在是當之無愧。

我們必須明白：一陰一陽，並不是一個陰、一個陽。因為陰中有陽，陽中也有陰，彼此如影隨形，永遠分不開。我們不能說陰陽是兩個東西，當然也不應該說陰陽是一個東西。我們可以依據《易經》的精神，說陰陽是一而二、二而一的東西。換句話說，陰陽合起來是一（太極），而太極（一）內涵陰陽兩種因素，可以分陰分陽，但仍舊是一個太極。《史記・律書》記載：「數始於一，終於十，成於三。」「一」代表整體而不是割裂、綜合而不是將整體拆解而獨立分析地，更重要的是，在大家日漸掉入「一分為二」的陷阱之際，警示我們必須「二合為一」，以期獲得整體性的思維。

一陰一陽之謂道，可以說是一種中道思維。儒家倡導「執兩用中」——凡事執其兩端，善用自然現象的矛盾（陰陽），而又不使其偏於任一極端（陰極或陽極），避免「過」與「不及」的弊害，能用其中，以獲得合理的平衡點。道家主導「得其環中，以應無窮」——在循環往復的自然規律中，領悟「擴張太久必將緊縮、強盛太久必將削弱、流行太久必將廢棄、依賴太久必將奪取」的「微明」（事先均有些微可預見的徵兆），來因應無窮變化的人生。儒、道兩家的思路，都在闡揚「一陰一陽之謂道」的精妙。

實際上，在西方眾多的哲學家之中，也有一位被批評為「中庸得幾乎過火」的亞里斯多德（Aristoteles 384～322BC）。他探究天地人的根源，通透古往今來的變化，擁有後期西方哲學家所缺乏的宏大氣魄。他認為「過度」與「不及」都屬於惡，唯有合乎中道才是良好德行。並且進一步指出：「魯莽和怯懦之中為勇敢；放縱和拘謹之中為節制；吝嗇與揮霍之中為慷慨；矯情與好名之中為淡泊；暴躁與溫吞之中為溫和；奉承和慢待之中為好客；吹牛與自貶之中為真誠；虛榮與自卑之中為自重；諂媚和傲慢之中為友誼；羞怯和無恥之中為謙和；嫉妒與樂禍之中為義憤；戲謔與木訥之中為機智。」聽起來和儒家的中庸之道大致相同。倘若在亞里斯多德時代，中西文化能夠充分交流，人類的溝通就必然更加順暢。然而，上天不允許有這樣的事情發生，同樣也是居於「一陰一陽之謂道」的要求。儘力保持人類文化的多元性，避免同質性過高，而喪失「三」（參，互動、交互作用）的功能。

本文將以「一陰一陽之謂道」為經緯，來探討人類在自然環境中，究竟應該採取「隨順自然」或是「對峙自然」的態度，以期為現代人不可或缺的科技發展，尋求一條可行的思路。

二、順著它和對峙它是一體兩面

語言和思路是互相對應的，言為心聲，有什麼樣的思路，便有什麼樣的語言表達。中國人和西方人對同樣事物有不同的思路，因此透過語言、文字表達出來，也有不一樣的形式和內涵。西方人那一套文法，對中國人來說，常常由於不習慣而弄錯，甚至於鬧笑話或會錯意。

大致上，西方人的思路是「分大於合」，分了又分，終於造成「是非分明」的「二分法」思維，認為「順著它」代表「天定勝人」，而「對峙它」即為「人定勝天」。站在「分」的立場，勢必得從兩者之中擇其一，容易引發爭論。

中華兒女的思路，和西方人不同。我們採取「一而二、二而一」的思維方式，認為是非固然應該分，然而是非並不是那麼簡單就能夠分的。我們主張「慎斷是非」，因為「是非難明」，並非一般人的能力所能夠輕易分辨的。往往是「公說公有理，婆說婆有理」，實在難以分析判斷。西方人重法，一切依法處置。而法是死的，彈性不大，所以比較容易判斷是非。法律如此判定，想不服也難以翻案，只好服從。中國人重情，希望能從情和法雙方面尋找合理點。道理是活的、會變動的，常常因人、因事、因地、因時而有所差異。心服時比較容易產生認同，倘若心不服，恐怕誰也沒有辦法迫其認同。

我們可以從《論語》中，體悟到孔子的思路應該是「無可無不可」，其實這也是「一陰一陽之謂道」的另一種表現方式。「無可無不可」，當然是「有可也有不可」，否則豈不成為孔子自己最為厭惡的鄉愿嗎？合起來「無可無不可」，分開來「有可有不可」，同樣是「一而二，二而一」的另一種說法。

依此類推，順著它（順乎自然）和對峙它（征服自然）不過是「一而二，二而一」的一體兩面，並不是完全相反的兩回事。當我們說「順乎自然」的時候，我們心裡所想的，應該是合理地順乎自然，可以順的當然要順，不能順的就必須設法加以征服。而當我們說「征服自然」時，我們心裡所想的，也是合理地征服自然，可以征服的才加以征服，不應該征服的，還是要順乎自然。也就是：

合理地順著它＝合理地對峙它

合理地順乎自然＝合理地征服自然

合理的人定勝天＝合理的天定勝人

只要運用中國人的思維方式（一而二，二而一），我們就可以把等號兩邊的公約數去除，成為：

順著它＝對峙它

順乎自然＝征服自然

人定勝天＝天定勝人

西方人的思維方式（是非分明的二分法），實在很難接受這樣的結果。中西文化交流時，無論西方人怎麼說，中國人大多表示：「是、是、是」，因為我們心中有數，怎麼說都一樣，只要掌握到合理的度，結果都是正確的。此舉難免引起西方人的誤會，認為我們虛偽不實，或者是自卑的表現。倘若因此而造成西方朋友對中華文化的誤解，實屬不幸。

既然依我們的思維方式，「對峙它」和「順著它」是一樣的，那麼，我們應該秉持什麼樣的態度，來面對所賴以生存的自然環境呢？

三、站在順著它的立場來對峙它

「一陰一陽之謂道」，這裡的「道」是指事物的變化之道。〈繫辭上傳〉在這一句話的後頭，緊接著指出：「繼之者善也，成之者性也」。人們按照「一陰一陽之謂道」行事，便是善的舉措；違反「一陰一陽之謂道」，即為惡行的表現。由於「人能弘道，非道弘人」，所以要成就這樣的善行，最好是通過人性來完成。那麼，人性是什麼呢？〈說卦傳〉指出：「立人之道曰仁與義。」人性的合理表現，應該是「仁」和「義」，這一點孟子發揮得淋漓盡致。當年梁惠王問他：「何以利吾國」時，孟子毫不猶豫，更完全不顧慮梁惠王聽不聽得進去，便率直地回答：「王何必曰利，亦有仁義而已矣！」可謂充滿浩然正氣！

依據《易經》的思維法則，我們可以說仁就是義，而義也就是仁。孔子談「仁」，其中便包含「義」的成分，否則不合理的仁，根本就不合乎仁的要求。孟子加上義，是有鑒於當時的環境十分重利輕義，為了針對當時的環境需要，才會特別加上去的。

中國人的習慣是說「天」時，含有「地」的成分，因為天地不可分離，缺一不可。地上有一塊「后土」的牌位，我們就應該想像天上有一塊「皇天」的牌位。由於地有位置可以安放，而天空無從放置，所以才有「后土」而缺「皇天」。實際上卻是兩者俱有，必須兼顧並重才算正確。我們說「男」時，含有「女」在內，用一個「伊」字，通稱他或她，不必像西方人那樣，非用he or she不可，否則便是性別歧視。中國字比較少，增加的速度也相對較慢，不像英文字典愈來愈厚，新增字彙的速度令人難以追趕，導致許多英、美人士都不認識。中國人的話和文字，合乎「易簡」的要求，便是活用「一陰一陽之謂道」的最佳效果。

我們提出「本立而道生」的概念，先分出本末，再確立根本，用以涵蓋本末各部分，成為整體。譬如我們說「要」，其中含有「不要」的成分。「要」隨時可以變成「不要」，而「不要」也可以變成「要」。居於易簡的原則，我們應該說「要」還是「不要」呢？依據《易經》「明象位」的要領，當人家送東西給我們時，我們當然說「不要」，除了表示謙讓之外，更有尊重對方的意思。很可能對方根本就沒有送我們的打算，只是讓我們看見了，不好意思才客套一下。若是我們不分青紅皂白，馬上回答：「謝謝，太好了，我要，我要！」實在不合理。這時候站在「不要」的立場來「要」，以「不要」為根本（太極），然後見機行事，達成「要」或「不要」（一陰一陽之謂道）的效果。如此一來，能讓雙方都滿意，才算是圓滿的結局。

相反地，當上級指派新工作給我時，最好不要馬上拒絕，使上級難堪，造成自己的不利。我們通常先說「好」，然後再設法推給別人，以造成「不好」的結果。反正「好」也不一定做，「不好」也未必推得掉，那麼急做什麼？

「順著它」便是「對峙它」，我們說哪一種比較好呢？答案是我們最擅長的：「看著辦！」怎樣看？看哪一個是本？譬如「順」，包含「順」與「不順」（一陰一陽，任何一個是陰，另外一個便是陽），我們可以「站在順的立場來不順」，也可以「站在不順的立場來順」。對天地，我們似乎應該「站在順的立場來不順」；對父母，我們卻應該「站在不順的立場來順」。可惜很多人弄反了，對父母過分順從，以致陷父母於不義；對天地則過分不順，結果造成今日「科學萬能」的弊病，導致「利令智昏」，而又「良知為物欲蒙蔽，重科技而輕倫理」，害己也害人。

同樣的道理，「對峙」當中，也含有「對峙」與「不對峙」兩種因素，到底是要「站在對峙的立場來不對峙」，還是「站在不對峙的立場來對峙」呢？對父母必須站在「不對峙」的立場，非不得已時才對峙。對天地卻應該站在「對峙」的立場，因為上天賦予我們改善環境的創造性，但是當我們的創造性違反自然規律時，便要採取不對峙的態度，以求順天。

父母是人，難免會犯錯，所以才說「天下無不是的父母」。天地自然，始終自然而然，當然不會出差錯。乾坤顛倒、天地不寧，都是人的錯。不論是人為的災禍，或者是感覺上的錯誤，都應該由人承擔責任，不能怨責天地。

四、必須順天應人才能改造自然

十六世紀開始，哥白尼（Nicolaus Copernicus 1473-1543）、伽利略（Galileo Galilei 1564～1642）、牛頓（Sir Isaac Newton 1642～1727）展開科學革命，短短四百年，到了二十世紀，科學已經成為人類文化的主要課題。科學從某種角度來看，似乎不斷地在洩漏天機，侵犯了神的權限。在神庇護下的道德信仰，也因此而逐漸產生動搖。人類重視物質，對其它領域也愈來愈不感興趣，不知不覺中，已經成為物質世界的奴隸而不自知。物質文明，不幸變成精神文明的剋星。隨著經濟繁榮、物質生活水準提升，社會卻反而日趨腐敗、腐化、腐爛，令人十分不安。

科學無罪，我們不能把這些亂象全推給科學，更不應該因此而輕視科學，阻止科技的發展。然而，我們必須反省，科學無罪就表示人類自己出了差錯。主要原因，即在方向有所偏差，倘若不能及早調整，後果實在堪慮。

我們不反對「人定勝天」，但居於「一陰一陽之謂道」的原則，我們同樣應該重視「天定勝人」的因素。同理，「人定勝天」即等於「天定勝人」。我們最好能「站在天定勝人的立場，來尋求人定勝天的途徑」，以敬天、順天、奉天的態度，來參贊天地的化育，從而改善自然環境。

在討論中華文化的發展歷程時，我們最好想一想：中國在十五世紀以前，有一段漫長的時期，科學技術十分發達，為什麼沒有發生科學革命、也不能發展出以科技為主的文明呢？我們從《易經》的精神中，不難發現「人要改變自然環境，最佳的力量便是道德」。我們「道」與「器」合一，把「形上」和「形下」互相貫通。說得明白一些，便是西方科技的研究，抱持「為知識而知識」的心態，並不包含倫理道德的成分。而《易經》的宗旨，卻是「為道德而知識」，自然與人文必須合一，這才是天人合一的科技發展。

現代的情況，是人文與自然通稱為科學。必須以科學的標準，來規範人文社會。以致大家產生十分嚴重而可怕的錯覺，認為人文社會也應該像自然科學一樣地求新求變，甚至於造成「凡是新的一定好，舊的遲早要淘汰」的偏差心態，把古聖先賢費心費力所累積而成的「人類生存的寶貴經驗」，以及所體會出的「人之所以為人的珍貴警示」，完全置之腦後。殊不知生活方式可以變，而生活法則不可變，才是「一陰一陽之謂道」的展現，也才是人類持續生存發展的不二法門。

知識的可貴，在為人類的生活謀求福利。而人類的幸福生活，即在與自然取得合理的調適。科學是知識的重要成分，當然要和自然生態的有機體做出合理的協調。乾卦彖傳說：「保合大和，乃利貞。」坤卦彖傳則說：「含弘光大，品物咸亨。」可見乾元和坤元，應該可做為科學家的首要依據。若是能以易理指引科技發展，則人類有福、萬物咸亨了！

人與自然和諧共生、互惠共存、共同遵循天道，這才是正當的科技發展目標，也應該是人類最大的樂趣所在。

五、結語與建議

《論語．陽貨篇》：「天何言哉？四時行焉，萬物生焉，天何言哉！」天一開口，人就會爭論不斷，想藉著與天對話來抬高自己的身價。天不開口，任憑大家猜來猜去，就是不說話，用意在促使我們憑良心以明天意。中國人最重視心意，也講求天良，便是受到天的啟示所產生的自覺。

天不言語，卻透過「行」和「生」來警示人類。四時行得順，即可做為風調雨順的徵兆，有可能國泰民安；四時氣候異常，大家就應該提高警覺，不能像聯合國那樣不負責任，只告訴大家要做好心理準備，接受不正常的氣候變化。萬物生得合時，大家可以心安。偏偏人類不安分，冬季的水果要讓它夏季才成熟，寒帶的動物要帶到熱帶地區飼養。費盡心思玩一些基因改造的花樣，還要克隆（複製）一番，存心違反自然，必然要自作自受。

種種禍害，真正的病根，其實就是「求新求變」的誤解。井卦提出革舊換新的道理，主要在合理地新陳代謝。接下來革卦還指出變革必須堅守中道，結果才能四通八達。

求新求變必須以持經達變為原則，堅持不離經叛道，才合乎自然的規律。所以科學必須與人文相結合，而不是把人文也變成科學。所謂的「人文科學」，實在令人費解。

無論順著它或對峙它，只要持經達變，以自然為師，向自然學習，拿自然做為選擇和判斷的標準，如此一來便屬合理，為眾生所歡迎。有鑑於此，我們特別提出三點建議以供參考：

1. 上天有好生之德。俗話說：「老天不罪悔過人。」只要人類能夠誠心悔改，相信大自然不可能反撲，會給人類永續發展的機會。現在種種異象，只不過是「天心示警」而已，尚未達到孔子所提示的「獲罪於天，無所禱也」。

2. 人類自救的途徑，即在科學與人文會通。特別是科技發展，由於具有時代性的特殊任務，更應該以高標準的良心道德來自我要求。因為外行人大多霧裡看花，弄不清真相，實在無從檢驗。唯有科技人嚴格自律，才會可行而有效。

3. 以「創意」取代「創新」，比較安全可靠。新不一定比舊好，因為創意本身並不著重「新」，卻更加看重「善」。愈創愈好、愈來愈善，這才合乎天理。憑良心創新，才有資格稱為創意。創新容易在好奇心的驅使下，迷失了大家的理智。創意卻促使大家能夠冷靜地用心評量，理性看待新事物。必須禁得起時間的考驗，才能給予信任。因此急不得也不必急，靜觀其變而又樂觀其成，才不致受騙上當。

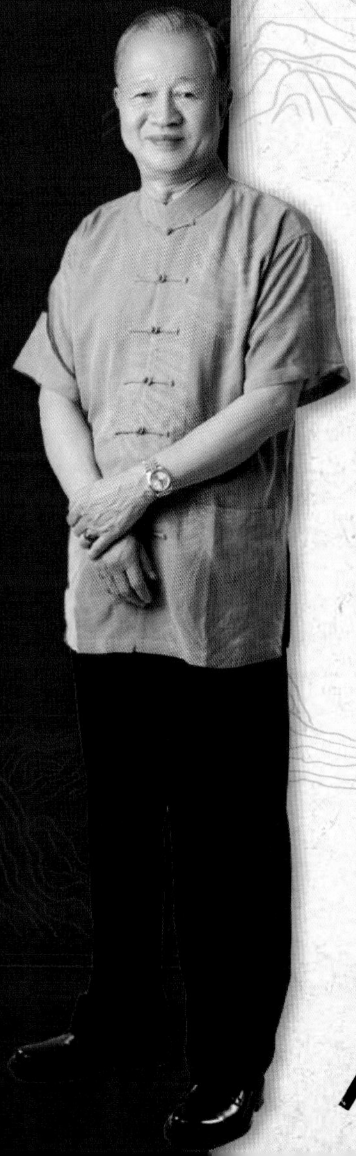

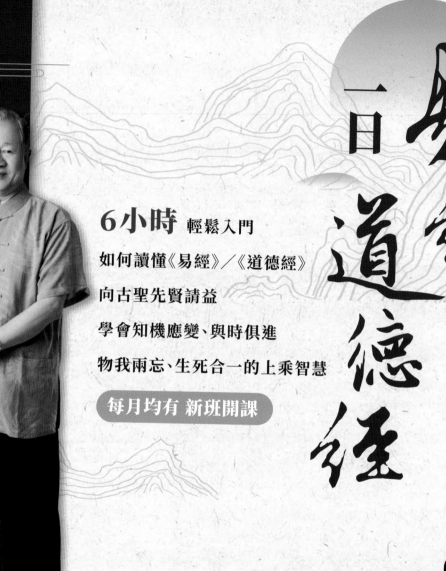

編輯精選推薦

《易經的奧祕》

一本易想天開的絕妙經典

有些書能幫助人們開啟智慧，
這一生至少要讀過一次。
讀完後，你就能明白——
為什麼孔子說：「朝聞道夕死可矣！」
為什麼經典就是經典，無可動搖！

曾仕強著

《道德經的奧祕》

曾仕強解析老子自然無為的人生哲學

老子是中國特別的思想家，能傳授給我們當代最受用的人生哲學。只要懂得「反者道之動、弱者道之用」的宇宙法則，每個人都能把自己生命的插頭，和天地間生生不息的能量源頭相互連結。

曾仕強著

Line@ 官方帳號

曾仕強文化
TSCICHING

書籍洽詢專線：02-23611379 / 02-23120050

《經典傳承》系列

《易經經文班》

Course for the Text of I Ching

《易經》六十四卦、三百八十四爻，並非靜態呈現，而是彼此互動，有快有慢、時時變化。每一卦、每一爻，都是生命的入手處，想要有效學習、深入瞭解，最好能夠從熟悉經文開始。

《易經繫辭班》

Course for the Great Commentary of I Ching

人生長於天地之間，必然會受到天地以及陰陽之氣的交互影響。《繫辭傳》說：「有天道焉，有人道焉，有地道焉，兼三才而兩之。」——所有中國哲學的思考，都沒能超出這個範圍。

《易經》其大無外，其小無內；廣大精微，無所不包，64 卦 384 爻 4096 種變化，是解開宇宙人生的終極密碼。能打造出一個內建《易經》智慧的大腦，等於是和宇宙能量接軌，取之不盡，用之不竭，絕對是您今生最睿智的投資。

古人有言：富不學，富不長；窮不學，窮不盡。人不能不學習，既然要學，就要學最上乘的智慧，才不會浪費時間。曾仕強文化擁有最優秀的黃金師資陣容，課程深入淺出，一點就通。誠摯邀請您即刻啟動學習，一同進入「易想天開」的人生新境界！

《老子道德經》

Course for Lao-tzu's Tao Te Ching

「知人者智，自知者明；勝人者有力，自勝者強。」《道德經》短短五千餘字，談的都是人間行走的智慧。老子告訴我們：先把做人的基礎打好，未來的人生道路，就會比較易知易行。

《孫子兵法現代應用》

Modern Application of Sun-tzu's The Art of Warfare

「善動敵者，形之，敵必從」；「善戰者，求之於勢」。「形」與「勢」，是作戰前必先考量的策略面。《孫子兵法》是中國最早的謀略兵書，能教你佈形造勢，知己知彼，百戰百勝！

《史料未及》

The Unexpected Records of The Grand Historian

針對《史記》近百位歷史人物，結合《易經》智慧做精彩分享。讀經典學觀念，讀歷史學做法，可謂乾坤並重、知行合一。在生命中的某一刻，能與千古智慧相遇，絕對是幸運無比的！